柔韧领导

数智时代的六大领导力原则

[新加坡] **李秀娟** · 著

電子工業出版社

Publishing House of Electronics Industry

北京 · BEIJING

版权贸易合同登记号　图字：01-2024-5446

图书在版编目（CIP）数据

柔韧领导 ： 数智时代的六大领导力原则 ／（新加坡）
李秀娟著．-- 北京 ： 电子工业出版社，2024．11．
ISBN 978-7-121-48974-7

Ⅰ．C933

中国国家版本馆 CIP 数据核字第 2024C350J7 号

责任编辑：吴亚芬
印　　刷：天津画中画印刷有限公司
装　　订：天津画中画印刷有限公司
出版发行：电子工业出版社
　　　　　北京市海淀区万寿路 173 信箱　邮编：100036
开　　本：880×1230　1/32　印张：7　　字数：224 千字
版　　次：2024 年 11 月第 1 版
印　　次：2024 年 11 月第 1 次印刷
定　　价：79.00 元

凡所购买电子工业出版社图书有缺损问题，请向购买书店调换。若书店
售缺，请与本社发行部联系，联系及邮购电话：（010）88254888，88258888。

质量投诉请发邮件至 zlts@phei.com.cn，盗版侵权举报请发邮件至
dbqq@phei.com.cn。

本书咨询联系方式：（010）88254199，sjb@phei.com.cn。

推荐序

当前，数智化浪潮奔涌正盛。数智技术的洪流以前所未有的速度重塑我们的生产和生活方式，更是对管理艺术提出了前所未有的挑战与机遇。而柔性领导力以其独特的优势，助力企业灵活应对市场变化，成为更加顺应时代潮流、富含人文关怀的领导力理念，如同晨曦初露，照亮了管理实践的新篇章。

《柔韧领导：数智化时代领导力的六大原则》从理论和实践层面阐述了数智化时代柔性领导力的根本价值遵循和实践指引。书中所述"数智时代下的柔性优势"，不仅是对当前管理环境变迁的精准把握，更是对未来领导力发展趋势的前瞻洞察。"上善若水"的领导力，是本书的底蕴所在。水，至柔至刚，无形而万形，正如卓越的领导者，能够顺应时势，灵活应变，以不变应万变。"海洋般的包容原则"，阐述了领导者应如大海般广阔无垠，容纳百川，尊重差异，促进团队的多元与和谐；"河流般的协作原则"，则强调了团队合作的流畅与默契，如同河流汇聚成海，共同推动事业滚滚向前。"湖水般的共情原则"，提醒我们领导者应拥有敏锐的同理心，能够深入团队成员的内心世界，感受其喜怒哀乐，从而建立更加牢固的信任与连接。"瀑布般的赋能原则"，则倡导通过激发个体的潜能与创造力，实现组织整体的飞跃与突破，正如瀑布之水，从高处倾泻而下，势能转化为无尽的动能。"雨水般的利他原则"，则是柔性领导力最动人的注脚。它告诉我们，真正的领导力不在于控制与索取，而在于给予与奉献。如同雨水滋润万物而不求回报，领导者应以利他之心，推动团队的成长与发展，共同创造更加美好的未来。而"水滴般的坚韧原则"，则是对柔性领导力的持久力的深刻揭示。水滴石穿，非一日之功，领导者的柔性力量，正是源自这份坚持不懈的努力与积累。在面对困难与挑战时，以柔克刚，以韧取胜，方能最终抵达成功的彼岸。

这本书不仅展现了柔性领导力在理论层面的博大精深，还通过一系列具体实践案例，让你感受其在现实管理世界中的独特魅力和强大效能。它告诉我们，在未来的管理实践中，只有不断践行柔性领导力的理念和方法，才能引领企业走向更加辉煌的未来。

汪　泓

中欧国际工商学院院长

2024 年 9 月

前　言

18 世纪中期，蒸汽机的发明引发了工业革命，使人类从农业社会走向工业时代，生产效率大大提高。随着大量的工人涌入工厂工作，于是开始出现专人作为管理者来进行监督的情况。

由于当时的管理学研究才刚起步，对于如何有效管理员工，还未形成一套成熟的管理模式，于是便借用了军事管理的思想。管理者只是命令工人去执行任务，而工人也只是服从命令。因此，早期的工业化时代，传统的金字塔形组织架构充满了对集权的崇尚，这种发号施令的管理方式使得男性领导力的"刚性"优势得以充分释放。

如今，我们来到数智化时代。电脑和互联网等高科技的发明给人类社会带来翻天覆地的改变，尤其近十年伴随人工智能时代的到来，云计算、大数据、AI 等技术正全面渗透到各个领域，正以前所未有的速度颠覆着我们的工作、生活和沟通方式。

伴随数智转型的颠覆，组织结构大规模扁平化、网络化，从金字塔形结构变成扁平发散渔网状结构，要求管理结构更加敏捷，具有更好的适应性，这种种变化也使得领导力的内涵发生了质的转变。领导者由原先的控制者逐渐转变为赋能者，从命令式转变为协作式。

柔性领导力开始成为学界的研究热点，柔性特质在组织中开始大放异彩，并开始得到认可。这些研究表明，更有效且更有影响力的领导力模式正在形成，柔性化已成为其中一个不可忽视的趋势。

2013 年，约翰·吉泽玛和迈克尔·安东尼奥在他们的书《雅典娜学说》（以希腊女神的名字命名）中提出了一个有趣的观点，即柔性的价值在未来优势凸显。

他们在全世界范围内针对 6.4 万名对象采取的调查结果显示，传统的柔性领导力和价值观正变得比过去的男子气概更受欢迎，因为我们所生存的环境正在走向一个更加相互依存、透明的景象，要求我们应用更加灵活、协作和注重培养的领导方式。

无论是男人还是女人都需要加强对人的关注和培养，采用一种强调合作、长远思考和灵活变通的领导风格。传统的刚性领导风格不再像过去那般有效，亟须一种新的领导力模式取而代之。

与此同时，千禧一代步入职场，新型人才期望获得有趣、有吸引力和富有价值的工作体验。如何确保员工个人目标与组织目标保持一致、帮助其平衡个人和工作需求、改善员工体验成为领导者普遍面临的新挑战。相较于传统刚性，柔性领导者更加注重员工的心理需求，善于沟通，具有较高的柔韧度，这在很大程度上迎合了未来发展的趋势。

基于这些时代的变化，我一直在思索，如何有效地形容这种柔韧的领导特质？就像我所说的，写本书的初衷，是源于我自己对水的观察与思考，以及我认为在管理过程中，可以用到的水哲学与智慧。

　　在不断变化的环境中，领导者需要不断提升自我，不断适应不同环境和角色的要求，需要具备连接和变通的能力，像水一样性柔而能变形，在海洋中是海洋之形，在江河之中是江河之形，在杯盘之中是杯盘之形，随时调整心态适应不同的环境，积极面对顺流和逆流。

　　于是，我花了大约两年时间，完成了本书的整理与撰写。书里呈现了我对于柔性领导力的研究，并融合了大量的案例，覆盖新加坡以及中国的企业等，还有我认识的一些企业家。其中有很多人，都与我相识或共事过很多年，也是我比较欣赏的。

　　同时，本书从海洋、河流、湖水、瀑布、雨水、水滴，这六种水的常见形态，总结出对应的柔性领导力六大原则：包容、协作、共情、赋能、利他、坚韧，希望可以带给读者一些启发和参考。

　　其实，在我们每一个人的身上，或多或少都对应着水的六种形态。可能某一种形态会比较突出，也可能会同时表现出其中两种或三种形态的混合体。而通过进一步察觉己身，不仅可以更好地应用自身优势，而且可以掌握好其他的有益能力。例如对我自己来说，我身上湖水的特质是比较明显的，同时又兼具了瀑布的激情与能量。而我比较钦佩的，则是拥有海洋特质的领导者。

　　在企业家身上所展现出的水的特质，也是会随着环境的变化而有所不同的。例如，有一次我在提及某位企业家时，就听到关于他的评价：有时和风细雨，像雨水一样利他；并且像河流一样，将男女老少都连接得特别好；但是也会有爆发的时候，像瀑布一样推动一切。由此可见，柔性领导力并不是单一的，而是十分多元且立体的。

随着社会的不断进步，管理理念也需要与时俱进。人心向背也将在未来社会中成为决定领导者能力的胜负手。柔性领导力所倡导的上善若水、敬天爱人等思想内涵，无疑可以应对许多当代社会的摩擦与冲突。道法自然、仁爱乐施等思维，也能够帮助领导者更好地带领团队。

本书关注企业管理中的和谐与共赢，并针对不同的管理环境，给出了应用与实践建议。此外，本书通过提供一些练习，来帮助读者理解和掌握柔性领导力，期望能够成为人手一本，既好理解又易于使用的柔性领导力"秘籍"。

虽然本书中谈到了很多成功的企业家，他们掌管着世界知名的企业，并且有着关乎人类福祉的伟大创举，但是本书中的一些内容，可适用于领导者在任何工作环境、工作内容和工作条件下处理所面临的大多数情况。

如果能够有更多的人掌握柔韧领导的思维，并善于将其中的人性化与长期主义等思想，用在自身的工作与生活中，那么企业职场与人类社会都将朝着更为美好的方向发展。

当人们开始更加重视，并且剖析和了解柔韧领导的内核，做到理性与感性更好地结合时，柔性领导力的优势将进一步体现。有理由相信，未来"雌雄同体"型的领导者们，也将开创一个更具可持续性的管理时代。

目 录

第 1 章

数智时代下的柔性优势

在相当长的时间内，当人们提及领导力时，第一反应是刻板印象中的刚性管理模式。然而在数智化时代下，常见的管理方法经常会失灵，管理上的失误也会为企业的经营带来巨大危机。

与之相对应的是，随着时代和市场需求的变化，柔性管理的特质、以人为中心的管理理念，逐渐在企业管理中得到重视和发挥。其中，关于柔与刚在领导力中的融合日益显现端倪，以柔韧领导为主的柔性领导力的概念也愈加受到关注。

市场为何呼唤柔性

> 强大处下，柔弱处上。
>
> ——《道德经》

工业时代，在一切以效率为先的管理方式下，控制、服从等强硬的管理手段，往往能够取得比较好的效果和产出。工人们每天不需要思考为什么做当下的工作，只需要机械地执行领导者的指令即可，这种通过垂直化管理实现高生产力的方式，成为工业时代的管理主流。

1. 企业中的人文关怀

市场环境变幻莫测，企业对领导者的管理水平和方式的要求，也发生了明显变化。首先，随着人民生活水平的普遍提高，当代员工大多数都接受过中高等教育，因此他们对所担任的岗位，除有最基本的物质需求外，也开始考量工作的意义和价值了。

传统的高压式、强硬派的管理，不仅在实际运营中开始产生很多问题，而且往往会起反作用，如"00 后整顿职场"等新闻层出不穷。相反，具有人文关怀和配置特色福利的企业，在招聘市场中更容易吸引人才，如下午茶、员工生日趴、灵活上下班打卡等，已经成为很多企业的标配。柔韧领导的管理方法也成为现代企业的护城河。

例如，海底捞会根据员工的表现来给其父母发工资，子女做得越好，父母拿到的工资就会越多。而且，在海底捞工作满一年的员工，一年累计三次或连续三次被评选为先进个人，该员工的父母可以免费来探望子女一次，往返车费公司全部报销，子女还有三天的陪同假，并可在店免费就餐一次。

这也成为海底捞员工管理的特色之一，并使得员工可以更为用心地去对待顾客，为企业赢得了良好的口碑。

2. 情怀也是生产力

一般来说，人们在消费时更关注柔性指标，如顾客的采购往往不仅取决于产品品质，还取决于对应的企业文化。例如，老牌的方便面生产厂家白象，就通过关注弱势群体的做法，提升了现实生活中的企业营收。

在冬残奥会年和促残就业宣传年的双重关注下，人们发现白象雇用了大量残疾人员工，比例甚至高达 30%，远超社会残保金政策所规定的 1.5%。白象维护残疾人员工与正常人同样的工作权益以及生活，从情感上就偏向了弱势群体，这让人感慨企业经营者的善良诚心。

此外，这进而引发了白象方便面的抢购热潮，也成就了"国货方便面之光"的美名，很多经典口味的方便面，受到市场追捧一度卖断货。在白象这一案例中，企业所获得的大多数收益属于"情怀消费"。

尽管没有太多市场营销方面的预算，但因为白象"关注弱势群体"这一富含柔性领导力的做法，不仅树立了其优良的企业形象，也触达了在城市各个角落中努力生存的大众的心，赢得了网络上的一众喝彩。因此，这使消费者对白象产生了情感上的共振，并进而转换成了企业的经济效益。

3. 治愈万物的柔性力

随着信息化和数智化时代的来临，人与机器之间的关系逐渐发生变化。生活在如钢铁丛林般的城市中，人们虽然享受着智能化工具的普及所带来的各种生活便利，但是更容易感受到城市化所带来的孤独感。

在这一时代背景下，"治愈系"逐渐开始流行。近几年，《夏目友人帐》《深夜食堂》等日本的治愈系动漫、电影等内容在国内受到的关注度越来越高，这些走温暖、舒缓风格的日系治愈，能在很大程度上让人内心获得安慰，让焦躁的内心安定下来。

人们对于柔性领导力的渴求，也不仅限于在职场范围内。在生活、家庭中，以及在探索生命发展第二曲线的过程中，希望被看见、被理解，也成为人们发自心底的呐喊。

因此，柔性领导力这一概念应运而生。它不仅可以用来解决包括管理学在内的社会学、哲学等学科的诸多问题，还可为"为人们创造美好的未来生活"这一需求提供解决方案。

而人作为企业管理的核心要素之一，无论是对内的员工管理，还是对外的客户、投资关系管理，只有采用可以凝聚人心的管理方式，才能够带来最佳的管理效果。由此可见，柔性领导力可谓现当代企业管理的不二法门，也是人人都应当学习并掌握的思想利器。

柔性领导力的概念

> 柔如江南的水声，坚如千年的寒玉。
>
> ——洛夫

试想一下，在工作岗位上或商务洽谈过程中，你是更愿意被以命令的口吻呵斥，还是在温和的激励之下去开展工作呢？

其实，现在很多人，尤其是年轻人，都会更喜欢那些尊重个人权利、关注个人成长的领导者。

无论是通过温和的语音、语调和恰当的措辞，还是塑造共同愿景，或者推崇共享共建等模式，都能够在实操过程中，更大限度地激发员工的行为自主性，取得更好的管理效果，这也是柔性领导力的一种体现。

柔性领导力意味着更人性化、更走心，并且更加关注社会效益，在获取企业利润的同时，积极承担起社会责任，以取得共赢。在柔性领导力的内涵中，也包括对关系和谐的重视，重视工作环境和良好沟通氛围的打造。

具有柔性特质的领导方式，更加注重以长期主义为导向，相信时间的力量，不局限于一城一地之得失。在现今一个高度相互依存，却又特别尊重个性化的社会，不管是男性领导者还是女性领导者，都应该习得这一放之四海而皆准的管理方式。

1. 更为人性化的管理

柔性领导力强调以人为本，比起把员工看作完成组织绩效的工具，更多的是将其视为活生生的个体，顺应人性地进行管理。它提倡使用科学合理的管理方法，激发员工的潜能和上进心，让其积极主动地完成目标。

管理中的柔性，也意味着充分考虑员工的自尊心，让人在工作过程中感受到被尊重，从而拥有稳定愉悦的情绪，以更高的热忱投入工作。在人性化管理中，需要注意平衡好物质和精神之间的关系，金钱上的赏罚分明固然有效，但并不是管理的唯一方式。

有时，通过给予团队荣誉感和认同感，能够更好地收获人心，也能融入企业的精神文化建设，提升企业的柔性竞争力。例如，对于为企业服务多年的老员工，一块标注了工龄的纪念奖章，就可能比金钱或其他物质奖励，更能加强其对企业的热爱与忠诚。

人性是复杂且多变的，同一个人在不同的条件下，也可能会出现完全不同的行为。因此，人性化的管理要做好因时因势而动。不要局限在规则的固定框架内，而是要在坚持原则的基础上，根据实际情况的变化，做到内方外圆和灵活应变的差异化管理。

2. 重视倾听的作用

倾听是促进内外部沟通、提升决策质量的重要途径，兼听则明、偏听则暗，想要做出更为合理的决策，离不开对于事情全貌的了解。无论是内部的团队管理，还是外部的市场环境变化，都需要企业通过倾听，捕捉到相关信号。

同时，倾听也是创新的源泉。一个善于倾听的领导者，能够及时了解员工的工作状态，并为其进行答疑解惑，尤其是倾听一线员工的工作反馈，也有助于挖掘市场的真实需求。

例如，当遇到员工工作进度减慢的情况时，相比于持续地高压管理，或者以降薪降职等条件进行胁迫的领导者，具有柔性领导力的领导者，则会以体察下属需求的方式，关爱其在工作乃至生活中遇到的困难，发现并帮助其解决实际问题。这使其在实现工作绩效提高的同时，也可以收获员工的爱戴，提升组织的向心力。

以北京公交集团为例，其物业管理中心工会就通过对不同人群的调研，结合家访谈心，职工之家、心灵驿站建设等工作，在企业范围内建立了职工"倾听室"，倾听职工诉求，主动疏导缓解职工心理压力，帮助职工解决烦心事，从而提升职工幸福指数。由此可见，倾听的作用已逐渐得到企业的重视。

3. 鼓励参与式决策

注重员工发展、期望，奖励、树立榜样，以及鼓励参与式决策，是柔性领导力提倡的一些管理行为。具有柔性领导力的领导者，在实际的管理过程中，往往会更加灵活与变通。

相比于眼前的短期利益，其更加看重长期的合作。其强调启发与激励他人，并通过助推他人的成功，实现组织的团体成功，进而实现个人的价值。正所谓"功成不必在我，功成必定有我"。

在进行决策时，其则更加谦逊，相信集体智慧的力量。其更愿意鼓励员工参与决策，并通过公开透明的决策管理机制，增强员工的"主人翁"意识，最终实现团队参与和共建意识的提升，收获一支具有凝聚力和战斗力的队伍。

尤其是对于年轻员工而言，决策过程中的参与感更显重要。有研究表明，管理层下放权力给"90 后"新生代员工，让其参与企业事务讨论、决策等，员工的满意度就会越高。当员工参与企业管理及决策时，他们会转换成"主人身份"思维，主动参与到工作中。

4．关注社会效益

传统的企业管理，更加注重经济效益，甚至一度将其作为企业经营的唯一评价指标。柔性领导力则将视线投向企业社会效益，关注企业经济效益与社会效益间的平衡。

首先，企业作为社会的一分子，只有共享共建美好社会，企业才会拥有更大的发展前景，双方是共融共生的关系而非对立。因此，企业通过承担社会责任，无论是直接还是间接，都能够为企业营造有利的生存环境。

其次，社会是由人构成的，企业生产经营活动的目标客户群体，也是人或组织。而消费行为的底层逻辑在于信任，企业通过回报社会等利他行为，可以增加社会和公众对企业的好感度，进而转化为企业的经济效益。从这一点来看，社会效益和经济效益是可以有机结合的。

最后，除外在的宏观环境之外，在企业的内部管理中，一家具有社会责任感的企业，也更容易使员工产生自豪感与认同感，进而在日常工作中拥有更高的道德标准，节约企业的管理成本。同时，热衷社会公益活动的企业，也更容易获得政府部门的好感，获得良好的市场口碑，为企业与政府间的合作提供便利。

5．创建多元性中的和谐关系

"和谐"这一思想，有着很深的历史渊源，也一直是为人所推崇的基本治国思想。除国家在倡导社会的和谐外，柔性领导力指出，在企业的管理中也需要注重和谐，通过恰当地排兵布阵，做到物尽其用、人尽其才，让企业能够在和谐的氛围之下，实现优势互补、灵活前进。

和谐管理的前提，是意识到事物的差异性和多元性，正因为存在着不同类型的人才，才为企业带来了勃勃生机。在外部的市场竞争中，柔性领导力也坚持和谐共生的原则，倡导摈弃恶意竞争，以合作助推行业的和谐发展。

而无论是在对内管理中还是在对外管理中，领导者都可以渗透和谐的思维，发现事物之间的互补性，如在任用人才时，就可以扬长避短，发挥其特长，规避其不足，以整体性思维实现优质管理。

在企业经营和人际交往中，纷争是难以避免的。想要做到和谐管理，领导者需要体恤下属，广纳言听，让员工有发表意见的渠道。员工也需要尊重领导者的权威，在与领导者沟通时注意方式方法，实现和谐的内部沟通，激发企业活力，提升企业的凝聚力。

6. 长期主义的导向

长期主义更关注企业的长期发展，而短期主义则更看重企业的短期回报，柔性领导力提倡企业管理中的长期主义导向。也许获取短期利益会更容易，但唯有坚持长期主义，才能实现企业的可持续发展。

虽然短期主义不一定有害，但当市场环境面临变革时，如果没有未雨绸缪的规划和举措，则很容易让企业在挑战到来时措手不及。反之，坚持长期主义的企业，由于对市场的发展前景保持关注，所以可以更好地规避短视风险，取得长期成功。

长期主义也意味着，企业在产品生产以及经营合作中，要持续地与利益相关者创造共赢。例如，生产出高质量的产品，并以高标准的售后服务，取得用户的信赖。与上下游合作伙伴在分配利润时，比起去压缩对方的利润空间，企业还可以选择想办法将蛋糕做大，实现双赢而非零和博弈。

世界是一个整体，企业与周围环境是共生共融的，而非割裂式存在的。尤其是在当前的数智化时代，市场环境不断变化，只有坚持长期主义导向，洞悉产业终局，进行战略布局和业务形态创新的企业，才能够穿越周期，取得价值增长。

总的来说，企业领导者既需要关注眼前目标的达成，以保障企业的生存，也需要长远的眼光和开阔的视野，为企业的发展指明方向。

7．理性与感性的结合

柔性领导力与刚性领导力往往是相辅相成的，在柔性领导力中也蕴含着刚性原则。例如，在对既定规则的遵守上，当领导者自身出现错误的时候，应当在自我总结的基础上勇于承担责任，为员工及下属做好表率。只有具有纪律性的团队，才能够在激烈的市场竞争中赢得胜利。

柔性与刚性的结合，也可以理解为是理性和感性的协同。商业管理的过程无异于"带兵打仗"，既要有刚性领导力的决断，又要有柔性领导力的智慧。

领导者既要能运用刚性领导力进行目标的设定，在关键时刻杀伐果决以达成结果，又要能运用柔性领导力，细水长流地处理好人际关系，以实现内外部关系的和谐，从而长远地推动组织发展和进步。

在传统发号施令般的领导模式下，增加对于人性的理解与关注，可以更好地留下与培养人才。而关注好微观管理世界的同时，也需要登高望远、紧随时事，注意宏观环境的变动，在企业的生死存亡或战略转型等关键节点上，进行高质量决策、高效执行，为企业和自身的发展，争取到更远大的目标与机会。

同时，一些原则和底线也是颠扑不破的，如遵守法律法规和道德规范等。只有具备荣辱感的领导者，才能够在工作与生活中坚守对自身的要求，并在波诡云谲的商业斗争中守住阵地，不被竞争对手"钻空子"。

在更高、更远的发展愿景之下，善用柔性领导力和刚性领导力的结合，可以完成团队开发与资源的整合，使企业立于不败之地，领导者也可以从中实现个人的成功。

柔性领导力的普适性

一位成功的领导者，其形象上一定是刚柔并济的。而不同性别的领导者，在运用柔性领导力时，也是有章法可循的。

拥有柔性领导力的领导者，言谈间既有春风化雨的柔情，能够细腻感知每位团队成员的心声，用温暖的话语播种信任与希望的种子；行动时又展现出雷霆万钧的力量，敢于直面挑战，以不凡的战略眼光和果敢的决策，引领团队破浪前行。

1. 当领导者为男性时

男性领导者在保持较强刚性领导风格的同时，如果能够同时具备较高程度的柔性领导力特质，则会拥有更强的感染力。

想象一下，他就像那位在会议室里游刃有余的"太极高手"，面对挑战不硬碰硬，而是四两拨千斤，用倾听、理解和同理心编织成一张温暖的网，让团队成员在轻松愉悦的氛围中自动归位，共同朝着目标迈进。

例如，一向以铁血著称的男性高管，在公司业务洽谈的分成比例设置中，既遵循多劳多得与平均分配的原则，又采用赛马机制，对过程中具有较好表现的人员，从内部表彰与业绩奖励上予以倾斜，增设如"荣誉配偶"等奖项。这使他在促使全公司奋力前行的同时，收获了更多人心与口碑，成就了"铁血柔情"的雅号。

2. 当领导者为女性时

女性领导者应当充分发挥自身的柔性优势，从言行举止与管理风格上，都需要贴合自身的女性性别，可以尽可能发挥自身的刚性领导素质。做事要学男人，但做人要像女人。

柔性特质会让女性领导者更能发挥自身的优势，更具同理心和共情能力。而这一点，恰恰有助于领导者获得敏锐感知与赢得人心，刚柔并济的效应在女性领导者的身上往往能得到更有效的发挥。

目前，越来越多的公司开始重视柔性化管理，传统命令式和填鸭式的管理模式逐渐退出历史舞台。毕竟相比于领导者的无情斥责，人们都更加喜欢以被尊重的方式进行交流。也只有触达员工真实内心的沟通方式，才能够取得更有效的管理成果。

而这离不开领导者对共同愿景的描绘，以及需在对员工心理体察入微的基础上，运用恰当的沟通手段以带来情感共鸣。而在这一点上，柔性领导力的优势十分显著。

3."雌雄同体"型的领导者

在社会上常常有很多偏见，认为男性领导者就应该是刚性的角色，而女性领导者也只有像"铁娘子"一般，才能够做好管理工作。实际上，无论是男性领导者还是女性领导者，在进行企业管理时，都应该秉持刚柔并济的原则，并在纷繁复杂的商业环境中，做出恰当的反应。

从心理学角度看，"雌雄同体"型是一种综合的人格类型，心理气质方面具备男性与女性的长处与优点。很多研究表明，相比绝对偏向男性化或女性化，"雌雄同体"是一种灵活的心理模式，双性化者能更多地应付多种处境、更富有独立性，有更强的自尊感，具有相对更积极健康的情绪等优势。

例如，创新工厂合伙人梁春晖说，女性投资人有劣势也有优势，劣势是怕知识老化，停滞不前；优势是女性会沟通，能在不同场景下调整自己的姿态。女性天然的柔性特质，可以让其在商业管理过程中放低姿态，以倾听者或学习者的身份，很好地融入商业交流过程中，给合作伙伴留下较好的印象，而不必过于展现自身强势的一面，更有利于取得商业合作的达成。

对于男性领导者而言，坚定不移和坚决果断的刚性领导特征，是获得成功的不二法则。"明知山有虎，偏向虎山行"的大无畏精神，也会为其博得更多商业发展机会。

然而，在遇到发展受阻或短期失利时，通过善用柔性领导力法则，适当放低姿态，可以避免思维落入窠臼，导致事业一蹶不振。具有刚柔并济领导力的领导者，也将拥有更好的抗压能力与抗挫折能力，在风云变幻的商业战场中，即便短期失势，未来也会有东山再起的可能性。

一个刚柔并济的领导者，能够表现出任务导向和关系导向的领导行为，并以灵活的方式转换角色，展现出一种平衡领导力，即在商业社会中平衡刚与柔，平衡自己与他人，平衡做事和做人的力道。

正如曾国藩所说："含强于柔弱之中，斯为人之佳境。"不只是女性领导者需要刚柔并济，男性领导者亦是如此。

虽然在当前，传统的以阳刚特质为主的领导力风格已不再是主旋律，但是其领导效能还是有效的。尤其是在传统的工业制造业中，而且员工多是 20 世纪 80 年代或之前出生的人，他们还习惯于这种偏重权威和命令式的领导风格。

不过，"00 后"很快将成为劳动力的中流砥柱。在管理"00 后"时，领导者需要展现出足够的尊重和信任，表达对于他们价值观以及能力的认可，让他们站在自我认知的角度，去评判和认识该如何做好自身工作。因此，亟须将柔性特质融入当前的管理之中。

4. 家庭场景中的刚与柔

柔性领导力的应用场景十分广泛，除可用于企业管理之外，也可以灵活应用于家庭中。也许有人会说，家庭是由亲情主导的，何来管理呢？

其实，家庭也是一个组织单位，各类家庭事务也会涉及组织间的协作。例如，孩子的学习问题、亲友间的人情往来等，每一样都涉及家庭成员之间的合作。可以说，柔性管理在家庭场景中的应用，不仅关乎家庭事务的顺利开展，还决定着人生的幸福指数。

在家庭中，采用过于强硬的沟通方式，很多时候是行不通的。因为家庭成员之间，更多的是平等的关系，而非上下级。因此，能否做到人性化沟通，就显得至关重要。

这时，要充分考虑家庭成员的个性化需求，做到心灵层面的沟通与互动。例如，尊重孩子活泼好动的天性，寓教于乐地劝学，而非强制其学习。用鼓励和夸赞伴侣的方式，激发其投身家庭事务的热情，而非使用冷战或暴力沟通的方式。

柔性领导力在家庭事务的处理中，也是有章法可循的。在家庭角色上，也可以运用刚柔并济的管理方法，由父亲、母亲分别扮演红白脸的角色，以"唱双簧"的方式完成对子女的教育。

夫妻关系中也可以在坚守底线的情况下，运用"正向激励"和"积极心理"形成家庭支持网络。例如，

（1）如果妻子想获得先生的支持，需要用令他感觉舒服的方式，认可他的价值，可以跟他说："你是我最大的支柱，没有你的支持和理解，我做不到今天。"不能倒过来说："你样样都不如我！"

（2）如果父母想让孩子去应对学业上的挑战，应该说"我相信你通过努力，下次考试一定可以更好，加油"，而不能说"你怎么这么笨"！

（3）如果先生或妻子，希望对方帮助更多的家庭事务，可以说"我觉得你具有打理家庭的才干，如果你能多些付出和努

力，我们的家庭生活会更幸福"，不能直接说"你怎么不干家务活"。

从正面的角度去认可周围的人，学会倾听他人的需求。哪怕你并不认可他们的观点，也要学会听对方把话说完，这也代表着一个人的涵养。通过管理好对他人的心理预期，用妥当的方式进行积极的语言暗示，可以更好地实现包括家庭在内的组织效能和幸福感。

第2章

上善若水的领导力

水哲学与领导力的联想

我一直很喜欢道家的思想，特别喜欢"上善若水"的人生哲学。老子在《道德经》中所提到的："上善若水。水善利万物而不争，处众人之所恶，故几于道。居善地，心善渊，与善仁，言善信，正善治，事善能，动善时。夫唯不争，故无尤。"也是我认为领导者所应该具有的状态。

其实，有关于水的想法和思考，在我的印象中，是源自小时候的一次家庭出游。

当时，站在尼亚加拉大瀑布旁边，我的爸爸会研究瀑布的源头，并好奇水流在一冲而下之后的去向。从这种对瀑布来龙去脉的研究，能看出他是一个理性的人，并且试图从动态的角度，去了解水的力量。

相比之下，我的妈妈当时则是静态的。她坐在水池旁边，并不去研究水的来去，而是望向平静的水面，展现出平和的状态。在日常生活中，她也是一个和善且包容的人，不会打破砂锅问到底一般，对事物过于追究，更多的是包容且平静。

他们二人带给我的感觉是不同的，也让我想起古时候，孔子曾在浩大的流水边驻足观赏，并进而感叹水的智慧，这也是"水问"的哲思源流之一。水的德行在于，公平地为万物带来生机而不求回报。有句俗语叫"水往低处流"，从这种身处低位也不抱怨的状态，也可以看出水的包容性。

同时，无论面对的是深渊幽谷，还是浅滩险阻，水都会一往无前地勇敢向前奔去，水的勇气令人赞叹。水又是十分敏感的，无论是风吹过还是雨落下，都会荡漾起阵阵涟漪。具有柔性领导力的领导者，对于周遭事物的变化也是很敏锐的，能够察觉出对方情绪上的变化，并及时进行沟通与交流。

同时水又是清澈和纯净的，拥有着善良和美好的品质，秉持着善利他人初心，在不断流动中带走污秽留下清洁。

事实上，无论是曾在我人生道路中给我带来很大影响的老师和老板，还是在我工作中遇见的让我很佩服的企业家和朋友，都让我联想到水的各种形态和善利众生。水是人类的生命之源，在生活中无处不在，且以不同的形态滋养着周围的环境，而看似柔弱的水，有时却能迸发出无穷无尽的力量，带给人很多启发。

这也让我开始逐步去思考，如何将水的力量与领导力相结合，以表达出领导力如水的柔韧和伟大。这本书里面，会有许多我接触过的人物和故事，以及我对领导力的领悟和思考。

中国的水哲学

要明白水的含义，我觉得首先要了解中国的水哲学，无论是"水善利万物而不争"，还是"流水不争先，争的是滔滔不绝"，讲到的其实都是水的柔性特质。包括我们耳熟能详的"水滴石穿"的故事等，把这些放在企业的管理中，都可以帮助领导者以柔克刚地完成绩效。我不是什么哲学家，但有些道理和管理理论是殊途同归的。

1. 弱之胜刚，柔之胜刚

> "天下莫柔弱于水，而能攻坚强者莫之能胜，以其无以易之。弱之胜刚，柔之胜刚，天下莫不知，莫能行。"
>
> ——老子

水是一切生命的起源，所以人们也常常把河流称为母亲河，就像女性孕育孩子一般，为生命的成长提供养料。对于很多创业者而言，创办的公司也如同自己的孩子一样，孩童离不开养育者，就如同生物离不开水，二者之间有异曲同工之处。

刚则易折，太过坚硬的东西往往容易被折断，缺乏柔韧能力的领导者也时常会遭遇挫折。例如，在面临市场周期性挑战时，看似柔弱的女性通过不懈努力和坚持，终究会等来柳暗花明的一天，而一直傲视群雄的高位者，则有可能由于信心坍塌一蹶不振。

强如山岳也会倒塌，但水流是即便受阻，哪怕屡次被迫变道也会一往无前。看似十分柔弱的水，却能够胜过刚强，以水滴石穿的恒久坚持，以及聚细流成大海的包容精神，最终形成江河奔腾之势，乃至有毁天灭地的能量。

老子曾论述了"水"的这种以柔克刚之性，"天下之至柔，驰骋天下之至坚。无有入于无间，吾是以知无为之有益。"意思是这个世界上最柔弱的水，却可以驾驭世界上最为刚硬的事物。

只有知道了水是怎么做到用柔软且无形的姿态突破最坚硬的堡垒的，才可以领会在企业管理中，怎样才可以做到看起来不那么刚强，却能够取得最终的管理成果。

"天下莫柔弱于水，而能攻坚强者莫之能胜，以其无以易之。"水在日常生活中可能给人的感觉是很平和的，不争抢不喧闹，就是日复一日地流淌。但却又拥有最仁慈的力量，通过涓涓细流既能够流到地底的最低点，又可以通过自己的谦逊为万物带来生命，造福众生。

但柔和并不代表没有立场，企业面临最大的挑战之一，就是在面对关键竞争时，领导者判断失误或者不够果决。中国讲求中庸之道，不过多地炫耀自己，但这并不代表没有自己的个性，也不意味着当面对不公平的待遇时，选择忍耐而不去发声。

要做到企业价值的最大化，尤其是在解决企业危机时，需要果敢坚定、争其必然。就像水一样，在风平浪静之时可以静水流深、平稳度日，但当面临竞争的时候也要彰显立场。有选择，也必须不怕得罪人，像滔滔江水一般勇往直前，既不逞强但又能够以无畏的姿态，实现组织和个人的价值最大化。

2. 道法自然，大道至简

人法地，地法天，天法道，道法自然。

——老子

在老子看来，水的品质是最接近"道"的，滋润万物而不争先，且甘愿居于众人所厌恶的低处，因其不争，则天下莫能与之争。无论是在与人交往中，还是在处事理政上，都在柔和中自有力量。理想中"圣人"的言行举止，就是类似于水的。

老子说"人法地，地法天，天法道，道法自然"。道法自然乃是遵循自己存在的活动方式，依据其自身存在的方式自由适行。庄子说："鱼处水而生，人处水而死，彼必相与异，其好恶故异也。"告子说的"性犹湍水也，决诸东方则东流，决诸西方则西流"，与庄子的无为之水理念颇为接近。

"道法自然"不仅表现为一种个体的自足、自发与自为，也呈现出道作为整体，与个体之间的相互会通。道法的自然，可以理解为发挥个物的自性，而道就是整合，具有一种兼通性和共通性。

柔性领导力中的很多特质与水是不谋而合的，如温善的性格、诚实的品德，以及利他心等。水是阴柔的，但也会聚集起很多能量，如洪水的无所不摧，再如瀑布在高低位差中形成的雷霆之势，都能让我们感受到水的力量。

同时水又是兼容并包的，哪怕泥沙俱下也从不会抱怨，而是在静水流深中包容万物，伴随着波涛滚滚向前。流水不腐，水是不断流动着的，因此自身永远是清洁的，为这个世界带来美好。

水的目标又是十分明确的，黄河的九转十八弯让我们看到了水的不屈不挠，无论遇到怎样的阻碍，永远朝着理想中的方向前行，曲折又坚定地奔向前方。柔性领导力所倡导的坚韧，也是水这一品质的体现，哪怕遇到再多困难，也秉持着永不言弃的精神砥砺前行。

3. 润物无声，善行无痕

随风潜入夜，润物细无声。

——杜甫

水流对于外界事物也是有影响的，于润物细无声之处对环境带来改变。忍一时风平浪静，退一步海阔天空，柔性的特质在面对不同的境遇时，其柔性的底色，更能够把自己摆在居下的位置，用铁杵磨成针的耐心，等待合适的时机逆风翻盘。

万事万物都是在发展与变化中的，随着时势与条件的不同，领导者所面临的机会也有所不同。领导者也应善于拥抱机遇，应时而动，就像水遇冷成冰，遇热成汽一样，适应环境的变化。

只有与环境相互融合的领导者，才能够避免闭门造车。在润物细无声的状态之中，提供真正为市场所需要的产品和服务，并在满足受众需求的基础上，获得销售业绩与销售利益。

老子把人类最大的美德比作水的美德。水作为大自然中最仁慈的力量，涓涓柔柔，流到地底最低点，造福众生，谦逊而为万物带来生命。领导者也应该像水一样，谦卑而利他，而不是好功而利己。

在企业的管理当中，通过上善若水的管理方式，善用柔性领导力的法则，也可以感受到不同的管理方式所带来的效果差异，我相信"上善若水"的柔性领导力，将会让世界更美好。

4. 君子如水，随方就圆

君子如水，随方就圆，无处不自在。

——孔子

水也是正义和正直的化身，总是不偏不倚，按照自身的规律前进。在现代企业管理中，也需要明确规则的重要性，不以公徇私也不因噎废食。遇到触及底线的情况时，一定要采取严肃有效的行动；对于在创新和转型过程中，面临某些不可避免的试错情形时，又能公正地加以判断和进行奖惩。水的柔软和可弯折性，也能带给我们在人际关系处理上的有关灵活度方面的启发。

拥有柔性领导力的领导者往往更容易自洽，对于现状的接受程度也更加快，因此不容易被短期的挫折绊住手脚，而是在短暂的停留后继续奔涌向前，寻求新的发展契机。

在儒家文化中曾经提到过"知者乐水，仁者乐山"，这也成为孔子流传后世的名言。此外，包括孔子临水而感的"逝者如斯夫，不舍昼夜"，其中都体现出了儒学观水有术，以及于风水中悟道的特点。

聪明的人喜欢水，是因为水是随时变化的，时而平静，时而波涛汹涌，有时表面看着风平浪静，内里则暗波涌动。水是懂得积蓄力量的，就如同智者一般。在管理工作中，会遇到各种各样的问题，很多事情并不能一概而论，也并没有放之四海而皆准的管理模板，只有懂得灵活变通的领导者，才可以在变幻莫测的市场环境中畅通无阻。

柔性领导力的智慧在于更愿意拥抱变化，《孙子兵法》里讲"兵无常势，水无常形，能因敌变化而取胜者，谓之神"，只有通过运用高情商和管理智慧，平等地给予仁德并适时而动，才能够在商业竞争中处于有利地位。

"君子如水，随方就圆，无处不自在。"领导者应该调整思维方式，以适应不同的场景和文化，随时关注如政策法规的变化、市场风口和竞争对手动向等，培养快速应变的能力。

在市场蓬勃发展时，积极研判投身入局，在市场走向衰落时，及时止损远离旋涡中心。这涉及对市场的洞察，对未来经济走向的预判，以及对自身团队实力的把握。

从某种意义上说，企业经营就是不断与变化进行博弈的过程，只有在不断的波动中，始终保持稳健发展，才能立于不败之地。上善若水指的便是，具有最高级别善的人好像水一样，不论环境如何变化，水都保持着一往无前的姿态，在动荡的环境之下，仍然能够维持住水平面的平衡，这也是水中蕴含的智慧与哲理。

企业发展如逆水行舟，参悟水的哲学与智慧，在管理上无疑可以快人一步。在不断变化中进行持续的管理，重要的在于取得内外部平衡。在进行自我不设限和探索的过程中，也需要兼顾好眼下的工作业态与未来规划间的关系。君子不器，优秀的领导者不必将自己限制在特定的框架内，而是适时而动，不断探索未来发展的可能性。

水的形态——六个领导力原则

　　将"水哲学"引用到管理领域，则有其丰富的内涵，且存在的形式是形态各异的，就如同千变万化的市场环境一般，要求领导者能够以相应的能力解决困难。这些对水的思考，也无形中影响了我对领导力的理解。

　　我和许多企业家以及学者探讨过"水能给我们对现代领导力的启发是什么？"在交流中，我常常用水的形态去比喻领导力，这也产生了许多有趣的理解，也更让我们能深入浅出地了解现代领导力的法则。

　　我最终把它们简单归纳成了柔性领导力的六大原则，包括海洋般的包容原则、河流般的协作原则、湖水般的共情原则、瀑布般的赋能原则、雨水般的利他原则、水滴般的坚韧原则。这六大原则共同构成了柔性领导力的内核，也是掌握好柔性领导力的关键。

从我个人而言，我很欣赏海水般的辽阔和高瞻远瞩，但我的领导方式可能更倾向于湖水般的反思和共情，帮助他人反思和给予反馈，是最为接近我的形态。其中，倾听能力算是我的强项，所以我能够很快地捕捉到他人的想法和观点，并且情感的连接力也比较强。这些捕捉到的信息，让我的大脑更容易去归纳，同时会拔高看问题的角度和格局。但是在推动目标达成时，我也会有瀑布般的冲劲和激情。

我们或多或少都是这六大原则的综合体，只是程度上的多和少、高和低之分。但更重要的是，我们可以通过练习，努力学习和掌握柔性领导力的六大原则，以在数智化时代中游刃有余。

我这里先简单介绍这六大原则，后面的章节会用例子进一步展开解释，让大家能从案例中去看这些领导力原则落地的场景和效果。从例子中，我们也可以学习掌握一些方法，从而加强自己的领导力。

1. 海洋般的包容原则

在日常生活中我们可以看到，水沿着一定的河道或路径，奔腾着注入河川大海，并且日进不舍、流动不息。大海因为广纳百川，被称为百谷之王，居大而处下，开放汇源，顺应事物发展规律自然而行。

从现实层面来看，"开放"包括资源和创新的开放；"汇源"则指的是资源、能力的汇聚。通过整合好内外部资源与能力，并且进行广泛的创新，提供更多、更优质的产品功能或服务，可以为企业打造新的竞争优势。

在一个组织中，领导者需要拥有海纳百川的胸怀。就像广阔的海洋一样，鲸鱼、海虾等多种生物，虽然形态各异但都可以在其中生存。在企业中，也会有很多性格特征、行为习惯不同的员工，领导者可以去挖掘其身上的闪光之处，建立起多元化和包容的工作环境。

风物长宜放眼量，海洋的宽广也预示着机会的广阔。领导者应当是站立在船头的那个人，密切关注市场的变化，当好企业的领路人和决策者。在日常管理中，也要引入战略视角与前瞻性思维，带领团队穿越周期。

有时商场中的人世浮沉，就如同在大海中航行般飘忽不定，容易让人在波涛汹涌的浪潮中丢失坐标，分辨不清前路。柔性领导力的包容原则，也蕴含路标和导航的深意。一位优秀的领导者，可以发挥如"指路明灯"般的重要作用，带领团队沿着既定路线走向成功。

2. 河流般的协作原则

河流最大的特点，在于交织与错落，它可以从很小的溪流源起，再逐渐交汇成更大的水势。不同体量的河流，既可以各自滋养一方水土，也可以合并成一条大河，进而拥有更强大的力量。

河流是十分灵活的，当遇到险滩或者礁石等地形时，既可以选择顺势流动缓慢通行；也可以直接绕道而行，发展出其他的道路，而不是直面冲突和抵抗。这显示出开放、汇源的和谐境界。

引申开来，河流也体现出了开放合作、各方共赢的特征，以及共进成长。当企业所面对的外部力量过于强大时，当刚性战略走不通时，可以展示出一种战略柔性，顺势而为地进行应对。

在市场快速变化、资源日益开放的今天，企业与外部组织和制度环境之间，依赖越来越深。在进行行业内外生态圈的合作，以及应对市场变化时，河流所体现出的共生、共通，以及整合、顺势的理念，可以更好地帮助企业成长。

正如涓涓细流汇入大海，当领导者像河水一般，将个人与组织的价值，与社会乃至全人类的追求与幸福相连时，便可以最大限度地激发员工的斗志，共同携手奔赴理想。

3．湖水般的共情原则

水思维有一种重要精神，叫作"静则清，清入镜"。无论是从儒家、道家，还是"荡荡尧圣""伯夷之清"等意象中，都可以看到水作为理想人格，所具有的重要象征地位。

百川入海也意味着，挟裹而来诸多杂物。水从浑浊状态转为清明的关键，便在于长时间的静止。通过静止，水不仅能将杂物沉淀和清除，也会使自身的状态变得更清晰，在反照澄清自我的同时，更好地自我鉴察。

无论是落到哪里还是被包含在何处，水都能找到一个平衡和静止的地方，自我调整和复原。从水的智慧中可以明白，领导者不论身处怎样的行业与岗位，都应当秉持澄澈的内心，在日常工作之余，找寻到一片心灵的净土，用以自我反思。

湖水般的共情原则，还意味着通过共情实现共赢。领导者可以通过共情，建立起互相尊重、信任和支持的团队关系。当团队成员感受到领导者的关心和理解时，会更加愿意为团队愿景付出努力，从而实现彼此成就。

《格言联璧》中讲"静坐常思己过，闲谈莫论人非"，在商场上持续向前冲的同时，也需要保持善于反思的审慎。就如同湖水一般，不管经历怎样的暴风雨，湖面总是能够保持平静。拥有反思能力的领导者，无论是面对顺境还是逆境，都可以保持从容的心态，宁静以致远，给周围人带来安全感和信任感。

4．瀑布般的赋能原则

水的另一种形态是瀑布，代表的是赋能，指的是通过不断积累，形成巨大的势能，为周围或下游带来能量。积小流才能成江河，积能力才能成优势，积努力才能变壮大。就像瀑布一样，从高处俯冲而下，带来生命力的流动。

每一个时代的红利，就如同一块漂移的大陆。当移动电子社交时代正好漂到微信的大坝之下时，它便积攒起强大的势能顺力而下，也为微信带来了巨大的发展。可见当水源汇集到一定程度时，它能托起万物。而当水流集中到一定程度时，它也能冲走万物。

一个具有领导力的领导者，不仅要完成自己分内的工作，更重要的是激发团队的所长，像瀑布一样发挥势能，为团队注入能量。其中具有激情的领导者，总能在一言一行中，激发团队成员的积极性和动力。

瀑布般的赋能原则，还包括了能量的传递。有时一句简短的鼓励，也可以赋予团队前进的动力。通过团队教练的支持，则可以帮助领导者更好地识别团队能力，从而更有针对性地提供培训计划。

最后，在瀑布的巨大轰鸣声之后，水势也终将归于平静。如何做好急流勇退的心态转变，并在积蓄力量后再次征战，也是对领导者的一种考验。兵无常势，水无常形，瀑布般的赋能原则，对管理哲学在不同环境下的内涵，给出了因势利导的变化性参考。

5. 雨水般的利他原则

水除了以江河湖海等形式存在，还有另一种滋养人类的形式，那就是雨水。雨水通过大气运动完成水循环，无私地浇灌农田、村落。之后，通过河流与地下水重回江海，无差别地为世界带来生机，代表着造就他人的利他思维。

水看似有形又无形，显得有序又无序。水在表面层次上是灵活多变的，如竞争战略、市场推广等，都可以随着市场变化而不断调整。但在水的底层，真诚、无私等特质是一致的，就如同雨水一般，在渗透和扩散中滋润组织与他人。

令人尊敬的领导者，懂得遵循利他这一前提。而除企业员工之外，领导者还应当将眼光放远，考虑客户、股东、合作伙伴等所有的利益相关者，只有做到广泛地利他，才可以创造出更大的价值。

一家善于合作的企业，更容易取得成功。那些基于互利共赢基础，懂得合理分配利润的企业，也往往能够获得更多的支持与信任。同时，也只有真正满足了客户需求的企业，才能够做到基业长青。

最后，利他是具有广泛意义的。企业应当具备社会责任感，面对社会事务积极参与，在国家和人民需要的时候挺身而出。积极承担社会责任的企业，不仅能够增强员工的归属感和忠诚度，也可以提高知名度和认可度，从长远来看是利人利己的。

6. 水滴般的坚韧原则

水其实并不总是柔弱的，相反是很有力量的。哪怕是看似很微小的水滴，日积月累之下，也会有水滴石穿的能力。在企业管理的过程中，领导者无论遇到多少困难和挫折，都应该执着地去追求目标，不放弃、不退缩，直到最终成功。

知易行难，更多时候，坚韧是一场旷日持久的战争，需要领导者拥有足够多的耐心和毅力，才能够坚持到底。就像水滴，也许每一滴看起来微不足道，但积少成多，便可以产生巨大的力量。

无论面对怎样的挑战，都要如水一般，做到坚持朝着目标奔去。那些以身作则、一往无前的领导者，会像榜样一样，拥有强大的影响力和号召力，在感召员工的同时，给人以精神的启迪。

人生不如意十之八九，商海浮沉也是常态。稻盛和夫曾言："遭遇失败和苦难的时候，不是牢骚满腹，不是怨天尤人，而是忍受考验，坚持努力，将逆境转化为顺境。得意时不忘形，失意时不消沉。"

在面对逆境时，领导者更加需要迎难而上的勇气，以及越挫越勇的决心，通过坚持不懈的努力和坚韧不拔的毅力，最终可以将逆境转化为顺境。过程中，身处逆境不消沉，身处顺境不骄傲，也是柔性管理哲学与人生哲学的一种交融。

第 **3** 章

海洋般的包容原则

当提到大海的时候，大家都会想到哪些关键词呢？可能是宽阔无垠的海面、江河湖海的无所不包，以及各式各样的海洋形态，还有时而风平浪静时而波涛汹涌的变化莫测等。

大海的宽广给人以一望无际的感觉，而好的舵手既要有海洋般的胸襟，也要能够在前路茫茫中，拥有指引方向的能力。此外，我曾在讲解领导力时说过，江海之所以能为百谷王，便是因其广纳百川，居大而处下，开放汇源，顺物自然而行，方能与世推移。

在我早期的职业生涯中，就遇见过一位非常高瞻远瞩的领导者。那时我刚从美国毕业回来，在新加坡国立大学任教。学院的时任院长是一位充满智慧和有远见的领导者。他有着更开阔的视野，能够看到未来发展的趋势。

当谈及大学的定位，大家还在普遍以西方模式为标杆时，他便提出"以前我们向西看，现在我们得向东看"，他预见了中国的崛起和管理教育发展的趋势。他力排众议，坚持开办中文 MBA 课程。我们原来只有英文课程，而他则坚持了中西融合的定位。

除了他的远见和价值观的引导，他还为我提供机会并充分授权。我很庆幸自己在职业发展早期，碰到一位这样的领导者，让我觉得自己被信任，也收获了许多成长和学习。同时也让我意识到，一位有远见和包容的领导者是那么的有力量。

在这一章里，我会具体地解读海洋般的包容原则。它包括了三个重点：博览天下的视野、海纳百川的胸怀以及拥抱变化的格局。想要具有博览天下的视野，需要打造前瞻性思维，拥有全球化的站位和具有指引方向的能力；海纳百川的胸怀则体现在兼容并蓄的人才管理，打造平等包容的企业文化上；最后，领导者需要具备拥抱变化的格局，深刻理解永远不变的是变化，只有着力打破创新的障碍，企业才能保持活力，与时俱进。

海洋的特点在于包容性极强，这里既有对事的包容，也有对人的包容，还有当风浪滔天时，要如何打造拥抱变化的格局。我也一直认为，海洋在领导力中有着很强的指引作用，每位领导者如果都能够善用海洋的管理原则，以包容的心态进行企业的管理，企业的长期发展之路才能走得更宽更远。

博览天下的视野

以大度兼容，则万物兼济。

——《宋朝事实类苑·祖宗圣训》

海纳百川，有容乃大，领导者的目光应该朝向更高更远处。将军赶路，不追小兔，在日常管理工作中也应当学会抓大放小，培养自己不计较一城一地之得失的胸怀和格局，不断开阔视野提升站位，紧跟市场发展趋势，从更高的思维层面上，进行管理部署和人事安排。

1. 打造前瞻性思维

孟子曰："孔子登东山而小鲁，登泰山而小天下"，站在不同的高度，所看到的世界便也不同了。身为领导者，应当学习大海的广博，看向更远处的岛屿和浮标，而不仅是将目光局限于眼前的条条框框。

在一望无际的商业大海航行时，掌舵人更需要有不断开阔自身的视野，增加对于远方的认知。当对于目的地有着清晰的定位和了解时，很多当前看起来很棘手的工作问题，也许很快便可以迎刃而解了。

事实上没有绝对的能力边界，领导者应当不断挖掘团队潜力，结合企业最新的发展态势，制订最适宜的发展计划。学会将目标放长远，以战略性思维来进行团队管理模式的制定，以终为始持续经营。

当把格局打开时，道路上便也宽广了，也更能够突破现实的藩篱，打一场漂亮的胜仗。哪怕眼下正面临不小的挑战，只要坚持做正确的事，持续创造价值，假以时日一定可以看见胜利的曙光。

当提到前瞻性思维时，我会想到我最敬佩的一位领导者，新加坡国父李光耀先生。他的高瞻远瞩将新加坡打造成如今的地位，让我感到无比佩服。

回想当年，李光耀做出很多决策时，会面临着许多质疑的声音，包括一些反对的意见。但是，他仍然能够非常果敢，并且有力度地去推动决策的落地，这种魄力对于领导力来说十分关键。最终，李光耀也通过时间证明了自己的正确性，如新加坡著名的"水故事"。

新加坡位于马来半岛南端，四面环水，虽然降雨充沛，但土地面积有限，人均水资源占有量仅 211 立方米，排名世界倒数第二，是世界上极度缺水的国家之一。

在 1961 年和 1962 年，新加坡曾先后与马来西亚签订了两份分别长达 50 年和 100 年的供水协议，在第一份供水协议到期之前，新马两国曾为供水价格调整问题，陷入长达十年的争执。

从长远来看，新加坡必须打通"水独立"的道路。而深刻认识到"每一项政策都可能因为水资源问题而让我们屈膝"，新加坡"国父"李光耀先生在建国之初就提出"一切为水让路"。

在李光耀先生"自力更生"的非凡愿景和领导下，新加坡将

"治水"作为国家战略任务，大踏步地开始了水教育、水保护和水创新，想方设法让新加坡的供水变得可持续，并"捕捉落在岛上的每一滴雨水"。

1987年，李光耀先生大胆预言，未来20年内，抗污染与过滤的技术（即膜技术）会取得突破。人们可以依赖技术，把身边的水变成生产、生活、生态所需要的水。由此，新加坡就可以实现淡水资源的自给自足，不再仰人鼻息而生存，李光耀引以为傲的新生水由此而生。

新加坡通过不断的技术突破和研发创新，来满足整个国家对水的需求，经过50年的发展，新加坡已经建立起一套完备的规模庞大技术先进的环境和水科技产业，并建立了多元化的可持续供水系统。

迄今为止，新加坡已经拥有5座新生水厂，最新一座位于樟宜，于2017年1月开幕，每天可以提供将近23万立方米的新生水，可以装满120个奥林匹克标准赛事游泳池。5个新生水厂的产水量加起来可以满足新加坡40%的日常用水总量，包括工业用水和生活用水。到2060年，新生水预计能够满足新加坡55%的用水需求。

新加坡用了50年的时间，争取了自己的水独立，同时也开发了自己的水技术和水工业，将劣势转为优势。这一切有赖于领导者高瞻远瞩的眼光和执行的魄力。

另一个例子，是我早期在中国认识的一位女性 CEO 刘明明。她当时是德国企业福伊特造纸技术集团的总裁。福伊特集团是 1867 年，从一个小工匠铺发展起来的，如今已成为欧洲最大的家族企业之一。

福伊特集团在中国的历史可以上溯到 1909 年，除了中国业务，它在奥地利、德国和巴西都设有工厂。1998 年 9 月，刘明明到福伊特集团北京代表处走马上任，成为该公司第三任中国首席代表。

在福伊特集团早期进入中国时，刘明明在采访中曾提到：1999 年，中国政府开始实施"市场换技术"政策，承诺向外国公司提供五个大项目，换取它们的十项技术。国家经济贸易委员会接洽了几家大公司，邀请它们参与进来，其中也包括福伊特集团，但这家德国公司决定拒绝这一提议。

刘明明却以她独特的直觉发现其中的商机，于是她想尽办法利用自己跨文化的沟通能力，促成了双方的合作。最终，福伊特造纸技术集团拿下了一个价值逾 1660 万美元的政府项目，这也是当时公司在中国拿到的最大项目。

很多市场竞争的关卡，考验的是领导者对整体局势的把握。

领导者需要经过精准调研和审慎思考，对很多尚未发生的市场变化进行预估，进而制订出企业发展的五年计划、十年计划，方能够有的放矢，倒推出接下来的行为决策。

例如，自 2008 年起，蓝月亮便根据高瓴资本张磊的要求，制定了"保持持续亏损"的策略，在这个过程中也引发了一众质疑的声音。然而最后，根据对中国 GDP 不断增长的预判，以及对国内洗衣液市场的调研，在接下来的几年间，蓝月亮进行了大量的研发投入和营销推广，打败了日化巨头宝洁和联合利华，并逐渐坐稳了国内洗涤行业的第一把交椅。

当敏锐察觉到市场需求和机会时，领导者应当果断出击，根据最终的目标进行布局谋篇，把握好每个时间节点，从长远利益产出的角度出发，来考虑当下的投入和战略布局。

2. 全球化的站位

如果说管理企业如同在茫茫大海中航行，那么难免会遇到失去方向或是狂风暴雨的时候，这时候拥有愿景的团队，就仿佛在心中拥有着一座明亮的灯塔，任何时候都可以指引大家前进的方向以及目的地。

而如何找到团队愿景，取决于领导者是否善于发现自身定位，并拥有带领团队前进的能力与意志力。愿景的境界高低也将决定团队最终的发展层次。

在如今高度互联网化的时代，商业的全球化程度进一步加深，飞机高铁等交通方式也让跨国交流愈加便捷。优秀的领导者要学会放眼全球，寻找新的商业突破点。

就如同中国古代的丝绸之路一般，通过对国与国之间供需关系的了解，可以在找寻到商品贸易机会的同时，获取更多的可能性收益。例如，字节跳动在海外布局的 Tiktok，不仅在应用市场中的下载量屡创新高，还带动了电子商务在海外的勃兴，更是为母公司带来了市值的增长。

字节跳动在早期进行海外业务拓展时，首先进行了一段时间的"出海"试水，围绕母公司业务，在海外进行相关的投资并购，以打开市场局面。在早期的图文资讯类业务获得成功之后，字节跳动选择继续布局短视频业务，扩张方式同样是与目标国的自有企业合作，其中 TikTok 一经推出，便迅速占领海外市场，成为海外业务中，最大的现金牛。

根据 Statista 发布的报告，截至 2024 年 4 月，TikTok（抖音国际版）的全球下载量已超过 49.2 亿次，字节跳动也被誉为"最具全球化视野的中国互联网公司"之一。字节跳动在 TikTok 上取得的成功，其背后体现出了其国际化的视野，尽管面临着国际市场上的诸多考验，但也为母公司带来了庞大的利润。

其实，字节跳动的国际化道路，从 2015 年就已启动，更早可追溯到 2012 年，张一鸣创立公司之初。张一鸣非常重视企业文化建设，倡导"用户至上、追求极致、开放协作、快速迭代"的价值观。

字节跳动先期推出"内涵段子"和核心产品"今日头条"，为后续国际化道路奠定了基础。在 2016 年，面对国内增长放缓的现实，张一鸣推出了 News Master（后更名为 TopBuzz），目标是海外市场。

可以说这是一家从创立伊始，就有着全球化意识的企业。在世界逐渐走向互联互通的当下，只有走向世界，才能够更好地整合资源，成就国际知名品牌，为企业拓展更大的生存空间。

而无论是重走海上丝绸之路，还是搭建跨国商贸体系，出海都是当今领导者需要具有的意识。也只有拥抱全球化，放眼望世界，才能避免走进"内卷"困境，为企业开辟新的发展道路。

当然在进行跨国贸易时，需要充分了解他国的法律法规政策与市场环境，在合法合规的范围内开展商业活动；在管理过程中扬长避短，善用不同国家之间的信息差与资源利好，如在人才梯队的培养上，综合考虑专业技术能力和薪酬开支等，通过资源的整合和复用，实现高效化管理与人才的合理调用。

另一家让我觉得转型特别成功的企业是，从本土化到国际化的星展银行。星展银行成立于 1968 年，原名新加坡发展银行。

从 20 世纪 90 年代末开始，为了促进本土银行的国际化发展，新加坡当局推出了一系列政策改革措施，并放宽了国内的监管。21 世纪头十年，星展银行面临人事震荡，到 2009 年已更换了 5 位 CEO，且自助取款机和分行网点排队时间过长，客户经理纷纷跳槽等内部管理问题频发。在 2009 年，其客户满意度在新加坡各银行中处于末位。

2009 年 4 月，时任 CEO 施瑞德（Richard Stanley）仅上任一年便不幸病逝。高博德（Piyush Gupta）经选拔成为星展银行新一任 CEO。高博德提出将星展银行打造为一家以亚洲为核心的商业银行，以及深耕中国、印度和东南亚市场的战略方向。目标是成为"亚洲首选银行"，并重塑在新加坡的业务，重回国内市场头部。

星展银行领导层有每年召开一次静思会的传统，在 2014 年泰国普吉岛的静思会上，领导团队仿制了一份 2020 年某期《纽约时报》（New York Times）的头版页面，上面写着星展银行被评为全球最佳银行。通过这种具象的方式，直观展示了银行的新愿景，一下子激发了大家的斗志。

走上数字化道路后，星展银行将不再对标其他银行，而是要与全球顶尖的科技公司一较高下。星展银行将这些公司视为数字时代的竞争对手，并致力于打造标杆式的科技企业，创新性地实现从本土化到国际化的转变。

3. 指引方向的能力

"不谋万世者，不足谋一时；不谋全局者，不足谋一域。"没有目标的团队，就好比在大海中失去了灯塔一般，在商业环境中是寸步难行的，而目标的合理搭建则需要领导者的智慧。

通过勘测现有坐标与方位，如进行市场定位和消费者行为数据搜集，确定好企业下一步的行进方向，是取得商业胜利的前提。当局势发生改变时，领导者还应当具有敏锐的嗅觉，快速调整行进方向，以保持在市场中的有利地位。

在美的集团中，方洪波领导的上市公司美的电器是推动转型较早的板块。2011 年下半年，已经同时兼任美的电器公司董事长、CEO 的方洪波提出"精品工程"，也就是提升产品品质，走差异化路线。不过，以往的思路是降低成本、打价格战，直到把竞争对手"灭掉"。

这种单靠在市场上刀口舔血的战略与修炼内功的新战略背道而驰，管理层思路很难一时间转变过来，在一些具体工作上往往很可能遵循老路子，让新战略难以落地。

例如，老思路是尽量压低供应商价格，到处建厂买设备，扩张产能；而新的战略则强调产品意识，加强原材料的筛选和把关，将大笔资金投向研发技术和高端人才引进。

经过 2011 年下半年的努力，美的电器全年营业收入同比增速下降为 24.9%，而营业利润出现了 96% 的增速。

如果没有方洪波当初对于全局的精准把握，美的电器可能会面临更多由低利润率带来的掣肘。而根据创新扩散曲线，带动转型的领头人，很多时候是处于孤军奋战的状态，这时便需要领导者拥有把控全局的能力。一旦确立了正确的方向，就要坚定且果断地带领团队不断前进。

海纳百川的胸怀

> 必有容，德乃大；必有忍，事乃济。
>
> ——《格言联璧》

须知参差多态，乃是幸福的本源。作为一个领导者，固然有自己的好恶，但就像生态系统的运转一样，不同种类的生物共同依存、相互协作，最终才能够在保持生物多样性的同时，形成良好的生态循环。只有尊重并充分发挥每个团队成员的独特能力和贡献，才能够发挥出最大的人效，在成就团队的同时实现自身的管理价值。

1. 兼容并蓄的人才管理

就像包罗万象的海洋一样，企业也由不同类型的人员构成，形成一个有机的生态圈，其中的生物多样性程度，也造就了圈层的创造力。当来自不同背景、不同专业的优秀人才汇聚一堂时，往往可以激发出更好的创意，也为企业探索出新的发展道路。

世界上没有两片相同的叶子，也没有一模一样的个体，因此在团队相处过程中，难免会遇到各种各样的摩擦。如何让人才做到相互配合、和谐共处，有赖于具有包容性的工作氛围搭建。

2003 年，董杏丽博士毕业，加入阿海珐集团（以下简称"阿海珐"），随后被选入"海外学生引进计划"，在英国学习工作一年。回国后，她便和其他国家的同事一起，参与研发项目。

当时，只有董杏丽一个人在中国，但是靠着过硬的专业水平，合作默契，项目顺利完成。随后总部便决定在中国成立一个小团队，从最开始的孤军一人，到两三年间逐渐扩大到 30 个人的本土研发团队。2008 年，董杏丽晋升为软件开发经理。

2010 年，施耐德电气收购阿海珐的输配电业务，董杏丽便和团队任职于施耐德电气。届时，两家公司均已开展研发继电保护的下一代产品，借并购之机，双方达成协议，做统一的新一代产品，因此得名 Fusion（融合）。

该项目是当时最大的项目，共 100 多人参与。项目成立在法国，而中国团队主要负责开发，规模 40 余人，其中也汇集了英德等多国的专家，投入资金高达数千万欧元。时任施耐德电气中国区研发总监的董杏丽是项目的中方研发负责人。

董杏丽在带领一个 300 多人的跨文化研发团队时，尽自己所能为团队提供帮助并给予及时反馈。对于团队成员面对的问题，她觉得有理解不到位的地方，她都会很直率地请对方再次解释说明。

"整个研发中涉及的专业知识和问题很多，这中间肯定有我的理解盲点。我觉得还是要 open（心态开放）一点，当我不清楚时，我会让对方再讲得明白些，从而可以让我更好地去帮助他解决问题。"

在不同文化的差异下，董杏丽用自己的经历体会去验证和磨合。"我在接手印度团队的时候，很多人建议我，一定要让他们讲数据摆事实，为了避免问题的发生，我需要核查细节。"

在了解了印度的文化差异后，董杏丽却并没有以"刻板印象"

来定义所有印度的团队成员。"虽然大的文化背景是这样，但个体也是有差异的，在这中间需要时间来磨合。例如，印度的经理就是很实事求是的，我可以很信赖他。"

从不同工种来看，如创意型岗位需要更多的创作空间，以激发灵感；技术型岗位需要更加聚焦，以攻克技术难题；销售类岗位更多需要的是对外联络，通过外出拜访客户来获取成交等。

由此可见，不同工作岗位所需要的管理方式是不一而足的，不能够简单粗暴地画一条"标准线"，而是应该根据不同成员的擅长点和工作类型，来进行有针对性的弹性管理。海纳百川有容乃大，董杏丽非常了解带领一个多元化团队，需要很多耐心和尊重。

她认为对待处于不同成长阶段的团队，管理的侧重点要有所不同："印度的团队处于成长中，所以我更多的是提供建议，并动用各种资源来帮助解决一些实际的问题。而对待像加拿大这样的成熟团队，更多的是从他们的角度，询问他们需要什么样的帮助，或者一起讨论如何更好地去制定战略。"

董杏丽从2018年开始管理全球研发团队，而后很快遇上了新冠疫情。对于有些团队成员，她甚至素未谋面。即使在这样的情况下，她也会关注到个人的培训和职业发展。

"在这种特殊的情况下，我更需要让对方感受到我们的关心，关心他的个人发展。所以我会和当地的 HR 有很多沟通，通过为大家提供各种培训和发展机会，让他们切实感受到这一点，以建立稳固和相互信任的合作关系。"

由此可见，在进行如跨国人才管理时，还需要具有善于分辨的眼光。纸上得来终觉浅，绝知此事要躬行，更多的管理认知应当来源于管理实践。在与其他国别或籍贯的员工进行合作时，也要注意不要有太多分歧，而是要结合实际情况，从客观的角度去进行判断。一味地只从自身角度看问题，就不可能留下好的人才。

2. 打造平等包容的文化

面对企业内部的人才管理，需要能够慧眼识珠。古人说"千里马常有，而伯乐不常有"，那么领导者如何让自己成为伯乐，并挖掘出属于自己的千里马，便需要抛开现象看本质。这需要克服一些常见的观念，在考察员工服从性的同时，尊重其创造力以及创新行为。

例如，当员工提出一项新业务的开拓时，在不影响团队整体利益的前提下，可以给出一定的试错空间。这样既能激发员工开拓进取的积极性，又能够树立起自身开放包容的管理形象。

允许别人和自己不一样，允许自己和别人不一样，但又能够在工作中求同存异，并且齐心协力共创佳绩，是柔性领导力包容原则的精髓所在。对于一些在公司权力枢纽部门任职的管理者，或者权职较高的领导者，更加需要学会接纳来自不同方向的声音。

例如，在公司的跨部门沟通中，技术部门、产品部门以及销售部门之间，就具体产品的开发和销售，往往会出现很多分歧，甚至会引发冲突。当意见汇总到领导者的案前时，应当学会在纷繁复杂甚至彼此对立的信息中，找到问题的核心所在，抽丝剥茧地梳理出解决方案。

这一切的前提，也来源于对不同声音的包容，只有让员工感受到高包容度的企业氛围，才会拥有建言献策的安全感，作为领导者才不会闭塞视听，从而获取到尽可能多的有效信息，也可以更有助于做出正确决策。只有处理好上下级关系，像大海一样兼容并蓄，才能够引江入海，汇聚天下人心。

一家优秀的企业一定懂得遵循弹性原则的重要性，只有包容性更强的企业文化，才能够吸引到广大英才汇聚于此。而协调保障好来自不同学科背景、生产领域，以及不同工作岗位人才之间的合作，才更有可能开发出具有创新性的产品，占领新的市场高地。所以，打造开放包容文化是企业创新的土壤，企业更需要有灵活的人力资源政策，实现平等包容文化。

施耐德电气一直是多元、平等、包容文化的践行者，也是我很欣赏的一家企业。2017年，它发布了"全球家庭假政策"，以强化对多元、平等与包容的承诺。

施耐德电气首席执行官赵国华在集团官网上解释道："家庭、生活和工作的定义每天都在发生变化。我们渴望拥抱这些变化，让自己变得更加包容。正因如此，我们重新考虑了我们的带薪休假方式，力图让我们的员工亲自见证他们生命中的重要时刻。能成为业内首家在全球范围内做出这项承诺的企业，我们对此深感自豪。"

施耐德电气相信，优秀的人才成就卓越的企业，而制定家庭假政策的目的正是要帮助员工更好地平衡工作与生活。在具体实施中，各国分公司有权根据当地法定要求和市场需求进行调整。

2017年6月，施耐德电气美国、加拿大和墨西哥分公司率先实施了这一政策，部分国家于2018年跟进，到2019年，家庭假政策开始向全球推广。2020年，全球家庭假政策已100%覆盖集团全体员工。

此外，施耐德电气还在疫情期间引入了"新型工作方式"举措，为员工提供支持，具体形式包括培训、数字化工具和支持远程工作的具体流程，以及针对员工身心健康的强化支持。

例如，施耐德电气美国分公司自 2021 年起，为员工提供全套"新型工作方式"福利和津贴，包括免费的 Care.com 会员资格以及五天的照护服务补贴，照护对象可为孩子、老人或宠物。

自 2020 年 10 月起，施耐德电气大印度区的员工，可报销使用家庭宽带服务，以及购买居家办公物资（如给 Wi-Fi 路由器供电的不间断电源、办公桌和椅子等）的费用。

拥抱变化的格局

世道如弈棋，变化不容覆。时代抛弃你的时候，不会提前打一声招呼，科技的发展则更加将这一点展现到极致。正如被数码相机所淘汰的胶卷一般，有些时候，竞争对手甚至都不存在于以往的认知中，当前的数字化竞争，也让传统企业嗅到了危机。

想要做好适时而动的管理，要求领导者要懂得灵活变通，不陷入过往框架，也不故步自封。无论自身处在怎样的高度，都能够虚心接受市场上的新观点与新动态，对于竞争对手的横空出世，也要学会放下傲慢，以审慎的态度去考虑其合理性，这也是一种胸怀。

1. 永远不变的是变化

司马迁在《史记》的太史公自序中提道："守经事而不知其宜，遭变事而不知其权。"这指的是万事万物都需要灵活变通，墨守成规会给团队带来障碍。要知道兵无常势，水无常形，商场的变化十分迅速，领导者一定要根据时事更替，及时调整管理方向，带领团队在不确定的环境中，寻找新的机会和解决方案。

就像海面上波涛诡谲、变化不定一般，在商场中，可以说唯一不变的是变化。商业战场上也是如此。很多优秀的企业家，都有着创建百年企业的伟大愿景，在这一过程中所需要面对的，不仅是企业内部的人事管理，还有行业周期的调整，包括国家政策引导的变化等。

在残酷的创业过程中，"眼见他起高楼，眼见他宴宾客，眼见他楼塌了"的案例比比皆是。前一天正在轰轰烈烈筹备上市的企业，后一天便可能会因为一纸限令，而进入下行周期。

2019 年席卷全球的新冠疫情，便在深刻地提醒着每个人，变化的到来有时就是那么猝不及防。而站在整个人类的历史上回望，我们习以为常的和平年代，其实也只是偶然的现象，商场中的持续增长与稳定发展，也只是少数情况。

说到企业的转型变革，必定会想到曾经风光四十年，却也低迷过十年的微软。一个步入中年的微软如何面对市场的变化、内部的僵化，关键要敢于自我革新，重新出发。

微软总部位于华盛顿州雷德蒙德市，由比尔·盖茨和保罗·艾伦于1975年创立。经过数十年的发展，微软成长为科技巨擘。随着个人电脑销量飙升，公司开发的软件和生产力工具也在全球大行其道，使用率激增。

然而，短短十多年后，个人电脑销量趋于平稳，竞争格局随之发生变化，微软的地位岌岌可危。自2000年以来，微软的收入和利润规模虽分别增长两倍和一倍，但到2013年，公司在搜索、移动和云计算等快速发展领域已然落伍。公司内部竞争文化恶劣，扼杀了创意。

2014年初，纳德拉受命出任微软CEO。当时，纳德拉已为微软效力二十二年，曾在服务器和工具事业部、在线服务研发、搜索和广告，以及云计算和企业部门担任过多项高级职务。

纳德拉就任CEO之后，很快开始着手制定新的业务重点，确定新的文化基调。他指出："CEO中的字母C代表的是文化塑造者（curator）。"他认识到，单靠一己之力根本无法完成这项工作，所以他最早做出的决定之一就是请当时已在微软工作十年的老将霍根帮忙，助他推行文化变革。

与此同时，霍根与其团队策划了一系列制度层面的变革，以在整个公司中灌输成长型思维。在此期间，纳德拉自始至终坚信文化是组织的指路明灯。他认为，只要确定了公司使命和文化，业务战略就需要且能够随着时间的推移而转变。在他看来，文化是由个体思维组成的复杂体系。简而言之，文化就是生活于其中的人。

在纳德拉的领导下，微软的发展可谓突飞猛进，2020 财年业绩创纪录新高，实现营收 1430 亿美元，远高于 2014 年的 868 亿美元。公司股价从 40 美元飙升至 200 多美元，员工队伍则从 12 万人左右增至 15 万多人。在纳德拉任职期间，公司成长为全球最大的商业云服务提供商，在人工智能和边缘计算领域也成就斐然。

明者因时而变，知者随事而制。当面对变化时，领导者善用通权达变的管理智慧，回归初心，找回使命，对准方向，狠抓战略，凝聚文化，必定能找到团队的节奏，化险为夷。因势利导，拥抱机遇，可以将企业带上新的高峰。

2. 打破创新的障碍

市场的变化时有发生，除了在市场自然选择下，出现的正常人员流动，稳固人心也十分重要。这就要求领导者重视信念感的打造，"山重水复疑无路，柳暗花明又一村"，要传达给团队眼前的困难只是暂时的，前方一定会灯火通明的观念。遇到挑战也要有不抛弃、不放弃的决心，只要坚信自己正在做一件有意义的事，就一定会吸引来同频的人，共同砥砺前行。

企业内部需要关注的变化，包括了高层管理人员的变动、现有产品销量的变动曲线，以及创新产品线的设置等。相比于较有可控性的内部变化，外部环境的变化，则充满了太多的不可控变量，各类主客观因素都可能会影响到企业的成败。

我前面提到高博德在 2009 年接任了星展银行的 CEO 后，开始着手从本土银行到国际银行的转型。他尝试将原本处处受限的官僚银行体系，转为敏捷的科技公司，用他自己的话说，想成为"一家拥有 2.7 万名员工的初创公司"。

星展银行（DBS）在当地一度被嘲笑"慢得要死"（因为办业务的队总是排得很长），但经历几年后，它现在已经被视为金融服务领域的全球数字技术领先公司。2019 年它还成为第一家同时获得《银行家》杂志"年度最佳银行"、《全球金融》杂志"世界最佳银行"和《欧洲货币》杂志"世界最佳银行"称号的银行。

高博德在组织里，成立了一个约六七十人的转型团队。我曾经拜访他们，听他们如何推动企业的创新和转型。他们肩负的职责是帮助银行所有员工理解转型的必要性，并和大家一起组织实现转型的行动方案。

高博德及团队决定采用的平衡计分卡，设定了非常详细的指标，以便根据公司目标来衡量绩效，确保管理团队步调一致，并将各项举措逐级推广到整个组织。计分卡最初由两部分组成，后来扩充为三部分，每部分均被赋予一定的权重。

在随后的数字化浪潮中，转型团队发挥了更加重要的作用。他们精心挑选了数款工具并在组织中推广，如敏捷方法和 4D 流程。员工可以利用这些工具，在工作中进行创新，开展试验。

员工可以进行敏捷测试，快速推出原型，交给客户试用，然后不断迭代和改进。转型团队只负责管理这些工具，并不亲自参与相关试验。转型团队负责指导、宣讲和培训之类的事务，尽可能为变革扫清障碍。所有实际工作都由各部门自行完成。

到 2014 年亚洲浪潮临近尾声时，银行各方面努力已初见成效，全行实现了专业化运作，银行绩效开始迎头赶上，市占率节节攀升。

2016 年，星展银行的管理层发现低效的会议是阻碍创新的一大因素。当时，绝大多数会议效率不高。会议常常很晚才开始，又进行到很晚，侵占了领导者原本可以投入在创新上的时间。有时会议无法得出决策，员工顺从指示参加会议，却不知道为什么要开这种会。一部分参会员工很活跃，但大多数人都保持沉默。

为了改变这样的状况，星展银行引入了名叫MOJO的会议方法。要成就高度创新的高绩效团队的关键要素，是对各种意见一视同仁、建立心理安全感。MOJO促进会议向高效、实用、开放、重视协作的方向发展，鼓励员工的创新精神，这是一个非常有效的工具。

除了关注大环境的变化，领导者也需要适时关注组织的竞争对手在干什么。市场变化速度太快，代际之间的喜好与生活方式都在不断更替，如当下针对Z世代的产品，正在悄然兴起并逐渐占领市场。

当然，想要把握变化，首先需要能发现变化，这意味着领导者在日常生活中，就应当对行业变化时刻保持关注，既要关注可能会造成企业危机的因素，还要对新的发展契机具有一定的敏感性。而只有跟得上时代发展步伐的领导者，才能不被时代抛弃，让企业历久弥新，在新时代也焕发出别样风采。

实践建议

我们知道海洋般的包容原则，能够为组织带来更好的发展，那么应当如何在实际管理过程中，进行相关实践呢？从施耐德电气和星展银行案例中，有两个方法可以供大家参考，那就是建立包容性文化，以及用正确的方法鼓励创新。

1. 建立包容性文化

以施耐德电气为例，它持之以恒地推动了包容性文化建立，打造了一家拥有多元化团队的全球企业。通过表 3-1 可以一览其是如何做的，包括承诺与投入（从高层领导到整个集团）、层层落实责任、支持女性成长、打造包容文化，以及与外部倡导者合作。

表 3-1　施耐德集团推动多元、平等和包容文化的具体行动

维　　度	施耐德电气是"如何"做的
承诺与投入（从高层领导到整个集团）	• 2006 年，集团首次将多元化政策落实到纸面，改变其执行委员会没有女性成员的状况。 • 2009 年，CEO 承诺实施性别多元化计划。 • 除集团董事长兼首席执行官赵国华（Jean-Pascal Tricoire）外，凡所辖员工在 10 人以上的不同国家和地区的总裁也都亲自签署了《增强妇女权能原则》（Womens Empowerment Principles，WEP），进一步强化了施耐德电气关于促进性别平等和包容的承诺
层层落实责任	• 集团领导者通过"施耐德电气可持续发展影响指数"（SSI）计划，对多元化负责。SSI 是集团的可持续发展转型计划，代表着集团在可持续发展方面所做的承诺与投入，2021—2025 年施耐德电气 SSI 计划中提出了六项长期承诺，其中之一就是"平等"。 • 集团提出了雄心勃勃的性别多元化目标，承诺到 2025 年，女性在新员工、一线管理人员和高层领导团队中的比例分别达到 50%、40%和 30%
支持女性成长	• 施耐德电气实现性别平等的举措涵盖了人才招聘、发展、薪酬和晋升等阶段，并以非常系统化的方式推行全球薪酬平等框架——聚焦于整个生态系统，为制定的流程和公司治理提供标准化报告和分析，并将数字化人才资源流程整合到全球系统

（续表）

维　度	施耐德电气是"如何"做的
打造包容文化	• 集团将"包容"定义为珍视并拥抱每个个体的独特性，并充分发挥多元化的作用。 • 2017年，集团面向高层管理团队，启动"克服隐性偏见"教育项目。 • 2018年，该教育项目向全体管理人员和普通员工开放。 • 2018年，集团出台全球"反骚扰"政策，承诺对任何类型的职场骚扰零容忍。 • 施耐德电气发布"全球家庭假政策"，拥抱工作方式的变化
与外部倡导者合作	• 2018年，施耐德电气签署联合国自由与平等运动《商业行为准则》。 • 施耐德电气根据其在世代平等论坛上所做承诺，与联合国妇女署持续开展合作。 • 2020年，施耐德电气加入经合组织商业包容性发展联盟（B4IG），成为"多元、平等与包容工作组"成员。 • 2022年1月，施耐德电气宣布，集团连续第五年入选彭博社性别平等指数（GEI）榜单

此外，还可以如施耐德电气一般，在全球打造"开放人才市场"平台，任何员工都可以在平台上注册并上传个人资料，而平台上所有的工作机会对于注册者都是透明的。该平台通过采用包括人工智能在内的各种技术，可以实现整个集团范围内的人才供需匹配，当系统匹配成功后，它会同时向候选人和"雇主"发送消息。

建立这样一个内部开放人才市场，可以实现多重目的，如吸引更多内部人才，促进内部招聘，推进项目任务，通过新的数字化倾听工具分析员工敬业度等。这样做既能更好地培养员工，满足其未来领导者潜在需求，也可以帮助内部"雇主"找到合适的人才。

2. MOJO 会议鼓励参与和创新

MOJO 是促进会议向高效、实用、开放、重视协作方向发展的一种有效方法。MO 是指会议主导者（Meeting Owner），主导者负责保证会议议程明确、按时开始和结束、全体参与者获得同等的发言权。JO 是"快乐旁听者"（Joyful Observer），负责确保会议不拖沓，并鼓励广泛参与。

例如，JO 有权力要求全体参与者交出手机放在桌子中央；会议结束时，JO 要向 MO 问责，对会议整体情况进行直接具体的反馈，并就 MO 的表现提供改进意见。即使 JO 职位较低，也有权对 MO 直言不讳，提出意见。有旁听者在场，而且知道会后有反馈，这两点促使 MO 留意自己和他人在会议上的行为。

星展银行通过运用 MOJO 会议、多种评估及追踪工具，并且在会议室里设置实体提示物（小卡片、挂画、纸粘的骰子等）等方法，使星展银行的会议不再拖到很晚。迄今为止，星展银行所减少的会议占员工工作的时间估计达到了 50 万小时。星展银行的员工问卷调查显示，员工认为会议效率已经翻了一倍，认为自己在会议上拥有了平等发言权的员工比例大幅度提升，从 40% 增加到 90%。

第 **4** 章

河流般的协作原则

如果要问水的各种形态中，哪一种最能凸显交流与合作，那就非河流莫属了。小河与小河结伴可成大江入海，大河亦可九转十八弯，分流成不同的支系。就在河流日夜不息的奔腾之中，来自不同发源地的水系，以及水中的鱼类，都在不停地或前进或驻足，形成不断循环的生物链条。

河流的不断交汇也带给人启发，如遇到前方有障碍物时，可以选择绕道而继续前行；可以携裹着泥沙而下，形成肥沃的滩涂；还可以通过充足的水分供给，为周边生物带来富饶的物资。这一切，都离不开河流愿意交互，以及灵活变通等特质。

水性中的自然、共生、和合之思想，更强调在相互依赖的关系中，不同组织之间的合作性、和谐性、共进性。河流通过不同支脉将各个地区和水域连接在一起，在管理中经过有效的沟通和协同机制，可以让团队间达成有效交流，最终将每个个体团结在一起成为整体。

同时，河流可以在不确定的环境中，跟随外界变化做出灵活性的调整。尤其是在面对变化方面，市场环境的变化往往不以个人意志为转移，当事情的发展走向与自己的预期不一致时，领导者应当能够快速调整到适合的状态，认识到唯一不变的是变化，理解并接受市场包括生活给予的挑战，并且积极应对。

具体来说，柔性领导力的河流般的协作原则体现为：首先，具有共生思维作为跃进的启航点，具体来说要打破组织的边界解锁潜能，以信任筑基共赢未来之路，掌握真诚这一最强的连接纽带；其次，懂得只有协作才能造就协同效应，将员工凝聚在一起，构建精英核心团队，招揽天下英才为己用，善待员工让人才源源不断地涌入；最后，滋养组织绘制共赢蓝图，坚持己欲达而达人的人才理念，做到精神与物质的兼容并蓄，与和谐社会生态共融共生。

共生思维是跃进的起航点

想要企业长期发展，让工作畅通开展，必须要进行有效的整合协同。就如同河流一般，想要形成奔流进入大海之势，就有赖于各支流之间的配合。只有通过挖渠建槽，将各个地区和水域进行整合，才能够顺利地沿着目标方向前进；才可以在滋养沿途大地的同时，做到对水域周围生态环境的保护，不至于掀起惊天骇浪摧毁人类温暖家园。

在开放性市场上，比起一家独大，更多时候面临的是群雄逐鹿的情形，因此在管理中还需要借力打力，与他人广泛合作。例如，当遇到一个无法独自吃下来的大单子时，可以选择抛弃偏见，与其他合作伙伴甚至竞争对手，进行灵活的商业结盟，借力合作。

这让我想到上坤集团创始人朱静，在 2015 年，她曾预估地产市场会迎来上升空间，于是决定斥 32 亿元收购上海某超级大盘。在签署收购协议后，考虑此前上坤集团没有操作过大盘的经验，可能会为融资带来难度，朱静果断决定引入合作方，以弥补自身短板。

最终，她不仅顺利完成融资，还为上坤集团带来了超过 180 亿元的销售额。聚小流而成江海形成合力也是柔性领导力的一种体现。与其试图强行独立完成业务，不如善用与他人共生性思维，在了解彼此需求的基础上，与合作方携手并进，实现一加一大于二的效果。

另一个例子是京东的创始人刘强东，他主张"在无界零售时代里，受人尊敬的企业，不是导入流量、巩固自身地位的巨无霸，而是俯身为路，为无处不在的零售场景助力的赋能者"。在此主张下，刘强东也带动京东"成为这样的赋能者，与合作伙伴共创共赢"。

也就是说，京东希望与合作伙伴共同建构人才生态联盟，相互赋能。与此同时，企业需要"从管理驱动到价值驱动"，京东提出了企业变革的三大核心举措，即建立客户导向的网络型组织、建立价值契约的钻石型组织，以及建立竹林生态的生态型组织。

在"赋能"举措的指导下，京东金融与中国工商银行联合，推出了"工银小白数字银行"，这是国内银行业首个开到互联网平台上的银行。京东还与中石化合作，将品牌专区和专柜入驻中石化旗下的 2.5 万家便利店，进行线上线下的同步销售。同时，中石化的产品也上架至京东商城，扩展了自身的线上渠道。

在刘强东看来，零售的游戏规则不是"竞争趋同"，而是"竞争求异"，零售的未来不再是"帝国"，而是"盟国"。其中，每个参与者应将属于自己的部分定义清楚，并不断优化，最终组合在一起，画出零售的无界场景，构成未来共生、互生、再生的零售生态。在这个过程中，企业应鼓励和帮助每个参与者，努力建构好自己的独特性，从而在零售生态中获取无法取代的地位。

1. 打破组织边界

人们想要合作的对象，一定是能够为自己带来好处的。因此，想要成功达成合作，一定要懂得从对方的角度出发，建立共生性思维。在这种合作过程中，组织需要打破内部壁垒，才能够带来好的成果。

共生性思维意味着围绕顾客价值，开展一系列的管理和协作行为，并以市场需求为核心，进行产品和服务的交付。通过这种方法，可以有效利用各自资源和优势更好地凝聚集体智慧，推动组织不断发展。

打破组织边界的好处还在于，通过将利益和目标一致化，能够更好地汇聚有生力量，将协作双方的精力拧成一股劲，力气放在一处使。共赢思维的存在，有助于建立广泛的协作关系，将组织之间的关系置于网络化结构中，更聚焦于价值的实现而非内部矛盾。

想要打破组织壁垒，首先需要确保组织间具有相同的理念。俗话说道不同不相为谋，只有双方具有同样的价值观，才能够建立起长远的合作关系，不至于中途因矛盾重重而分道扬镳。

跨越平台，利益共同体成就 7-Eleven。这家起源于美国，辉煌于日本的便利店不仅是一个特许加盟连锁的利益共同体，更是一个休戚与共的命运共同体。面对互联网线上的冲击以及大型综合超市的竞争，7-Eleven 的经营业绩仍然表现不俗。

在日本经济的严重衰退中，7-Eleven 日本公司从 1974 年创立以来，仍然保持了连续 40 多年的增长趋势。7-Eleven 基本没有自己的直营商店，更没有属于自己的工厂和配送中心，但却可以创造惊人的利润，这背后与其打造的相互依靠的生态系统有密切的关系。

2. 信任是共赢的基础

信任既是人与人之间交往的前提，也是企业间进行有效合作的前提。就像河流一般，只有打破彼此之间的隔阂与限制，水流才能够相互汇聚，携手奔腾向前方流去。

而想要形成亲密无间的合作关系，需要用善意来建立信任，并且学会共生性思维，打破企业间的无形壁垒。所谓的共生型组织，不仅意味着有共同的价值主张，也包括了针对市场客户的目标一致性，通过具有竞争力的技术塑造行业地位，最后应用柔性领导力，引领组织共同成长。

人与人之间能否取得平等有效的沟通，前提在于人们内心中是否感受到足够的尊重与善意。想要获取人心，一定要改变颐指气使的管理方式，要懂得理解和共情对方，用心体察员工的梦想和追求；并从帮助员工成就自我的角度出发，着力于如何通过共同协作，在达成企业经营目标的同时实现其个人追求，也只有在共同愿景的引领下，才能够使员工迸发出更强的使命感和工作动力。

优秀的领导者一定是善于沟通的，除了向员工"填鸭式"地发号施令，还应当了解员工的真实心声，如搞清楚目前实际的工作进度和推进过程中遇到的困难，避免出现领导者"一言堂"，或者背离企业实际情况的管理行为。

领导者与被领导者之间良善关系的源泉来自信任，运用柔性领导力的协作共赢原则，可以有效建立人与人之间的亲善关系。此外，除去工作中的攻坚克难，遇到生活中需要交流和协调的事件，这样做也会取得很好的效果。

我因为是米其林的教席教授，写过它在中国发展的案例，所以对其中米其林回力工厂的改革有一定的了解。当时并购后产生的"信任的危机"，曾让这家工厂濒临倒闭的命运。

米其林早在 1989 年就进入了中国，当时它在北京设立了办事处。2001 年，米其林与时任中国最大的轮胎制造商上海轮胎合资，成立了上海米其林回力工厂。作为合资条款的一部分，上海轮胎把其他工厂里的工人和莘庄厂的工人共 2000 多人一起并入合资公司，其中在各个工厂内表现不好的 700 多人也全部被放到上海米其林回力里面。

合资双方承诺不裁员，其第一代领导人也承诺不裁员。但是过了一段时间，这些人的问题就日益明显了。按照米其林的标准，这些人是不合格的。

自从成立以来，上海米其林回力一直处于巨额亏损状态。从工业绩效来讲，这是米其林全球最差的几家工厂之一，产品质量很差，废品率很高。2008 年，法国人白乐涵（Mr. Bertrand Ballarin），临危受命，从米其林在法国的工厂调来，担任上海米其林回力厂长。

上任后的前三个月，白乐涵巡视车间，观察了很多，并与人们进行交谈，他开始与一些中国同事建立联系。他发现了工厂现存的很多问题，包括外方与中方管理团队不融洽，车间员工都抱怨不公平的工资和福利体系，管理方式导致人浮于事、互相推诿等。

随后，白乐涵做了一件让员工觉得很惊讶的事情：改变工作环境。工厂建于 20 世纪 90 年代，刚建厂的时候绿化是很好的。但合资后工厂没有在绿化上进一步投入，环境一年比一年差，围墙也破了。外人来工厂一看，很难想象这是全球 500 强米其林的一家工厂。所以，白乐涵马上着手改善工厂的绿化，这里种种花，那里种种树，把围墙重新粉刷一下。

员工对于厂长的努力还是看在眼里的，大家觉得"这个厂长不是说大话的，也不是天天来教训我们的。即使我不告诉他，他也知道我的需求"。这种渗透式的改变，都是一些小的、工人天天无法避开的事情。这些让大家意识到新的厂长是有变化的，工厂的管理层是有变化的。

一位车间经理评价说："白厂长下决心做这些事情，肯定也有自己的压力。即使他是米其林的负责人，也要申请这笔费用。他做这些事情的目的在于增加员工的舒适感。把办公室装修一下并不能多做两个轮胎出来，但给人的感觉不一样。工厂领导的努力越来越多，他们的负面情绪会越来越少。这些很微妙的东西，慢慢地使工厂从量变引起质变。"

在改变工厂环境的同时，白乐涵还增加了员工的工资，但他不是对所有员工的工资进行普调，而是对某一些人的工资进行了大幅提升。他认为，"我们需要好的员工，诚实、有良好思维和愿意付出的员工，这些人值得我们提供更好的薪酬待遇"。他用实际的行动逐步赢得员工的信任，以推进后面一系列的改革。

信任是一步一步赢回来的。也因为重拾信任，白乐涵扭转了工厂的业绩，成功推动了工厂的变革。他让我印象最深刻的一句话是："我不是来改变结果的，我是来这里改变组织的。"他以真诚的沟通，以及识人性的能力，懂得变革的理念，最终也使得上海米其林回力工厂走上了良好的发展道路。

3. 真诚是最强的连接纽带

想要实现团队间协调，离不开恰当的沟通，其中不管是沟通方式还是沟通机制，都会对团队协调的效果造成影响。无效沟通不仅会浪费宝贵的企业成本，还可能会造成团队间的误解。

沟通除了涉及领导者个人的沟通能力，更多的还涉及跨部门和跨业务的沟通。由于部门工种或业务上下游之间的差异，有时会出现鸡同鸭讲的情况，只有建立良好的沟通与反馈模式，才能够确保在职场中的顺畅交流与及时反馈。

领导者需要通过把握好整体绩效目标，进行管理实践中的排兵布阵。只有让部门之间如同身体的各个毛细血管一样，共同聚集在大脑的领导下，并听从上级指挥攻城略地，才能打赢商战。

一位富有个人魅力的领导者，一定是高情商和强能力并重的。沟通不仅是对自身诉求的表达，更重要的是理解对方内心的所思所想。

知己知彼百战不殆，只有对沟通双方的心声都有所洞悉，才能够如隔山打牛般，事半功倍地实现既定沟通目标。就像白乐涵一样，用真诚的领导力影响了员工的行为和意识。

当然想要彻底改变某一个人是十分困难的，也许领导者为了团队提升所做的努力，放到个体身上看起来是微乎其微，可能只是服务体系更加标准了一点，或者只是攻克了某一项业务难题，但是就团队整体来看，却会带来巨大的进步。

上海米其林回力厂长的白乐涵认为，针对任何问题，只要把人心搞定，自然就能迎刃而解。因此，他花费大量的时间来赢得人心。2009 年初，他派人安排了圆桌年饭，让所有工人感受到这份来自米其林的温情。而在以前，最基层的员工是享受不到这项福利的。

工厂还为车间员工每月举行一次融合日活动，给员工提供一顿丰盛的午餐，让新旧的员工、不同车间的员工有互相接触和了解的机会；并通过游戏的方式，向员工传授米其林价值观，安全和质量的意识，以及对人的尊重。

融合日最重要的环节是白乐涵与蓝领工人的直接对话，以听取员工的想法。他表示："不一定是他们说什么问题，我就能马上解决，但能让他们发泄一下，他们心里也会舒服一点。如果他们真的能说出一些有建设性的意见和建议，这就是价值所在，是个双赢的局面"。

协作造就协同效应

水随和温润，可动可静、可冷可热、可高可低。观察水面，水可静，静则清；水可动，动生力。动静自如，随遇而安。当制度环境、市场环境发生重大变化时，企业适时调整经营方式、产品设计、顾客服务、渠道推广。

当目标顾客群或消费者需求出现变化时，企业及时对细分市场做出调整，提供比竞争对手更优异的产品和服务。而这些"动""灵"的背后，是企业的静态基础，即企业的"气"，包括技术基础、组织基础、生产基础、供应链基础，以及渠道基础和现金流基础等。

这种静态基础和动态能力的合成，犹如武术中的合气道和道家思想的阴阳观。例如，腾讯的性情如水而行，不断根据用户反馈改进产品，而不是去臆测用户和市场，从而做出大跃进式的发展。这种水性情接地气，不天马行空，以产品为基，做十说一，先摸索验证再说话，做出来的都能击中要害。静就是动，每一条路都用自己的双脚量过去。

1. 将员工凝聚在一起

在我就读博士之前，我曾有过一位女上司，她就具有这种动静自如、刚柔并济的特质。让我印象深刻的是她整合各方资源的能力，不管什么新项目，遇到什么困难，她总能积极地和不同人去了解问题所在，然后协调不同部门一起合作，整合各方资源、人马，往解决问题的方向和目标去努力。就如同河流一般，虽来自四面八方，但总能往大海流去。她这种很强的整合能力和沟通技巧，能够很好地聚合各个部门的力量，为大家实现共赢的结果。

如何引领跨部门团队协作，对于任何领导者而言都是十分重要的。协作不仅能够积极面对问题、提高工作效率，还可以通过建立良好的沟通模式，激发团队的创新潜能，在协作中碰撞出灵感和新的创意。尤其是在跨国集团或大集团中，通过有效的团队间协作模式，可以大幅降低企业的管理成本。

不管是在企业产品创新期间导致的工作量激增，还是由于市场压力增加造成的企业薪酬缩减，都需要一定的柔性管理智慧加以协调解决。团队间沟通的机制既包括外界沟通机制的设定，也有员工内在沟通意愿的培养。

就好像拉车一般，只有大家的力气都往一处使，才能够使车轮滚动起来，并且以最快的速度向前奔去。在大家齐心协力以及合理分工下，有时还会产生超乎预料的效果，实现"利出一孔，饱和攻击"。

可以增加凝聚力的措施有很多，如在企业放置意见箱，组织员工对企业事务如人事任命，进行公开选举、匿名投票等，保障员工可以有机会参与企业决策。创造良好的沟通环境，如在企业的茶水间或休闲区，鼓励员工进行思想的交流与碰撞，并提供纸笔，以便将讨论结果进行记录。

作为中国最早的上市公司之一申华实业的创始人，瞿建国在从申华实业退出后与儿子瞿亚明，以及家人于 2000 年移民到加拿大温哥华。但两个月后，他发现退休后自己的状态却变得很差。接受不了养老状态的瞿建国开始思考继续回国创业，并希望在健康与环保领域有所贡献。

后来，瞿建国回到上海创办开能，英文名"Canature"，是英语单词 Can 与 Nature 的组合，字面意思是"能自然"，带有自然、健康的属性。瞿建国在企业管理中倡导家文化，他经常会把工作与生活上的感悟，在微博上进行分享，包括用餐礼仪、工作场所普通话使用等。公司内部的电子屏上，也会滚动播放这些微博内容，以激励员工把每一件小事做好，同时也有助于提高公司内部的文化认同感。

除了沟通环境的营造，如何让员工从内心愿意参与企业事务，也是真正做好凝聚人心的关键。这里既有赖于工作氛围的打造，还包括了共同愿景的塑造。只有当员工知道前进方向，且企业的未来与自身息息相关时，才愿意踏上企业的巨轮，在商海中共同浮沉。

上坤集团创始人朱静，便始终坚持真诚待人的原则，当有合作伙伴拜访时，她不仅会提前做好功课，了解对方的背景和性格，当对方到来时，还会亲自到一楼大厅迎接，从不摆老板架子。

交流过程中，朱静在介绍上坤集团优势的同时，也会坦诚地把无法做到的事情说清楚，并且乐于倾听他人的意见和建议。通过真诚的沟通方式，朱静获得了合作伙伴们的一致认可。

新冠疫情期间，又值房地产有政策震动，朱静召集了"蜡烛夜话"，与上坤集团的高管进行对谈。在夜话时，大约四五十人围坐成一圈，轮流分享自身在疫情期间的感悟。

内容既包括了他们遇到的困难、挑战，也有一些成功解决问题的做法与经验。大家在谈心的过程中，了解了问题、释放了压力，同时也激励了士气。

通过这种敞开心扉的夜话交流，朱静既让参与者分享了内心的纠结，以及遇到的一些挫折与想法；也让领导者与员工之间，产生了心流和同频共振。当领导者足够真诚时，员工也会更愿意团结在其周围，大家共同用脑解决问题，并用心把人凝聚在一起。

2. 搭建核心团队

人才永远是管理中不可回避的问题，每位领导者都希望拥有坚实的核心管理团队；聚天下优秀英才而用之；不断新陈代谢的人才梯队，以及高度忠诚于公司的精英团队。然而千金易得，人才难寻，更遑论凝聚起具有组织认同感的人才队伍了。

在柔性领导力河流般的协作原则中，很重要的一点在于强调团队间的合作思维。在合作型社会中，不再是可以靠单打独斗就能出成果的时代，作为领导者要能够在众多人才中，选对人并且用对人，同时培养对人，才能够形成自身团队的核心竞争力。在进行团队激励措施制定时，需要强调团队集体绩效的达成，并针对团队成果赏罚分明地进行激励，而非只关注个人表现。

在创投圈内有一条不成文的说法，那就是早期天使轮主要投人而不是投项目。简单来说，就是投资人除关注项目的发展潜力外，还关注对创始团队的判断，这是决定是否给出投资的关键因素。

朱静在中欧国际工商学院 EMBA 深造时，参加了中欧戈壁挑战赛，极端严酷的环境点燃了她内心的创业火苗。早期创业时，朱静在招贤纳士上，一直求贤若渴。她笑言，很多高管都是她"追"来的，三番五次的拒绝从未让她退缩。

助理总裁兼执行董事盛剑静，是上坤集团的 001 号员工，她回忆起加入上坤集团时的情景："第一次和朱总见面交流，我对她的创业想法、能力和交谈时展现的人格魅力都比较认可。但是考虑初创企业的一些风险，没有立刻给出决定。朱总还是非常坚持的，到春节后，她第二次来找我。她分享自己要如何做这家企业，同时也帮我做了一个职业发展规划，让我有了愿景。当时我在一家日资企业做人事行政。她对未来的希望和坚定打动了我，让我愿意去追随她，去闯一闯。"朱静从 001 号到后面一直招了 16 人，并组成了创始团队。

俗话说，一个好汉三个帮，人们所熟知的刘关张，也是从"桃园结义"起步，逐渐发展壮大再至成就一番霸业。无论后期的团队发展如何，所有创业都是由小变大，从核心圈层逐步扩散并形成更大的同心圆的。

3. 招揽天下英才为己用

河流孜孜不倦地向前流动，过程中也会携裹着岸边的泥沙，抑或是汇入新的涓涓细流，最终逐渐壮大起来。

如"天下黄河贵德清"，谁能想到在黄河的上游，其实也是一片清澈的水域？但在九曲十八弯蜿蜒曲折前行的过程中，黄河不断塑造地貌也在锻造自身，成就了举世闻名的壮观景象。

随着组织的不断发展，也需要纳入新的人才，以承接更多的业务。很多领导者内心中希望招揽的员工，都是业务能力精进且能够吃苦耐劳的，无须扬鞭自奋蹄的类型是最好。但企业在人才管理上，还需考量绩效与素质间的关系。

此外，柔性领导力河流般的协作原则提倡站在他人角度看待问题，凡是有进取心的人才，一定会对自身的成长有所规划。企业可以为精英人才提供的收益，在组织内外均可体现，如强大的公司品牌带来的职场背书，具有竞争力的薪资给予的体面生活，规范的管理流程培养出的良好工作习惯等。

还有是哪怕踏出公司，仍能长期复用的人脉、资源、思维方式等。有时候一个好的上司，便可以给下属带来源源不断的职场财富。当精英们不断集聚时，彼此之间也会自发产生相互作用，最后又汇聚形成企业吸引人才的优势之一。

在朱静心中，上坤集团未来发展的原动力一定是管理团队。在公司规模还不是很大的时候，上坤集团就设立了5%的高管信托股权池。她希望吸引优秀管理人才的加入并陪伴上坤集团成长，保持初心，真正做到共创、共担和共享。

盛剑静评价："可能在别人看来，我们是公司的元老，会被优待，但是其实我们心态还是很好的。身为上坤人，我们一定要跟上这艘船，如果有一天朱总认为我们的能力不太适合现有岗位时，我们很愿意为更有能力的人让位，一切为了企业更好地发展。"

第一任财务负责人从上坤集团创立之初一路跟随，一直到2015年，朱静发现她的能力无法胜任该职位，便对其进行换岗，多次调岗后，其绩效考核依旧不达标，而且投入度也有一些问题，最终被朱静请辞。三年后，她兜兜转转又回到了上坤集团，降职被任命为一线业务经理。

朱静回忆说："其实决定让她走的时候我很难过，做决策时很艰难。有人说我太'职业化'了，对公司元老一点不讲情面。所以有一段时间我也在自我怀疑，是不是做错了。但是后来新入职的财务总监展开了新的工作局面，将团队建设等方面都处理得非常好，那个时候我知道我的决定是对的。之后，原来的财务负责人也愿意降级回到上坤集团。也许是三年在外面的经历磨平了她的锋芒，使她对自己的能力有了正确的认知，心态也比较好了。"

4. 善待员工，人才才会源源不断

与其以高薪去挖脚市场上的成熟人才，不如转而培养在自身组织中土生土长的成长派。这也是许多企业实行"管培生"制度的原因之一。也许有人会说，成长派经验不足怎么办？其实正如南丁格尔所言：人才是需要培养的，每位熟练工也都是从生手过来的，都是必经的阶段而已。

通过在业务推进中"结对子"的方式，富有经验的老员工可以带领职场新人共同完成一项任务。其中，新员工可以在老员工安排下，完成力所能及事务性工作的同时，较为完整地经历业务全流程。日积月累，当达到庖丁解牛一般，"无他，但手熟尔"的境界时，自然而然就可以出师，并且由小及大地独立承担起项目运作了。

博世集团成立于1886年，拥有136年历史，横跨四大业务，包括汽车与智能交通技术、工业技术、消费品和能源及建筑技术的产业。作为全球领先的物联网供应商，博世集团为智能家居、工业4.0和互联交通提供创新的解决方案，旨在打造可持续、安全和轻松的未来出行愿景。

在数字化转型过程中，博世集团快速吸纳了一大批新型人才，这也导致了新老员工的融合问题。基于不同的技术背景，传统的硬件工程师与软件工程师之间，有着很大的不同，包括薪酬标准、文化等都有所不同。

例如，薪酬方面就出现了"倒挂"的现象，老员工对于新员工的高薪酬较难接受，新员工对现有文化也觉得格格不入。这对 HR 来说是很大的挑战，必须找出方法，从工作和生活方面入手，培养新的土壤与环境，让新加入的员工能够快速地融合，使其产生归属感。

博世中国执行副总裁李晓虹，相信"爱一行，干一行"的内在推动力，鼓励人才发挥长处、精进技术。博世中国为培养数字化人才，建立了数字化人才社群（DigiTalent Community），定期举办线上线下大咖宣讲，并且安排高质量互动。

此外，博世中国还设立了技能中心（Skill Hub），为人才提供发挥的空间，鼓励其根据个人才能与喜好发展成为"斜杠青年"，并配备了相应斜杠政策（Slash Policy）。项目的负责人可在技能中心发布任务，而承接任务的"斜杠"员工，在出色完成了业务时，可以得到奖励。

表面上看，员工在公司培育之下，获取的收益十分显著，但实际上企业才是最大的受益者。《淮南子》中曾说道："积力之所举，则无不胜也；众智之所为，则无不成也。"汇聚一帮优秀且认同企业价值观的人才，并不断加以培养，是打造出一家受人尊敬的企业的助推器。

在上坤集团从 0 到 1 的过程中，盛剑静跟着朱静去勘察土地，以及和银行、供应商沟通，与合作伙伴谈判，甚至赴一线参与营销。回忆起曾经的经历，盛剑静说："陪着朱总创业的过程，让我在两三年之内，进一步摸清了地产行业的发展逻辑，自己也有了很大的成长。

上坤集团刚建立的时候，人手不足，很多时候需要我能身兼数职。记得在 2019 年，我被派去武汉，负责区域业务。我本身是一个比较内向的人，一下子从后台转到一线，要去和外部的人交流，我的压力非常大。但那时也没有更合适的人选，我就硬着头皮去做了。

数次之后，我慢慢发现我是可以胜任的，因为经常跟在朱总身边开会学习，我在头脑里已经形成了一定的经营思路，并且对于销售数字愈加敏感，谈判时也掌握了一些技巧，整个人发生了一个积极的变化。除了人力和行政，后来我还担任过财务管理和投资发展部门的负责人。我非常感谢朱总的信任和栽培。"

滋养组织走向共赢

单丝不成线，独木不成林。领导者一个人的成功不叫成功，团队的集体成功才是真正的胜利。虽然作为沉默的大多数，员工在很多时候，都隐藏在光芒四射的领导者背后，但不可否认的是，任何组织成果的取得，都离不开上下一致的努力。

因此，在形容与判断一位领导者的管理才能时，其人才裂变与成人达己的能力是区分个人英雄主义和伟大企业家的试金石。就像河流一样，时刻与所流经之处进行着交换，不仅是索取，更多的还是滋养大地，带来勃勃生机。

1. 己欲达而达人的人才理念

在传统的刚性领导观念里，经常会忽视员工的个人情感，而更多的是关注团队绩效，领导者甚至会将压榨员工视作自身的能力之一。这种高压式的管理，可能在短时间内会取得不错的效果，但长久来看不仅会让员工的积极性衰退，还会泯灭团队的创造力。

相比之下，柔韧领导的力量有着更深的文化根源，从"己欲立而立人，己欲达而达人"的古训中，可以得知，想要成就自己，要先学会成就他人。成就自己是大家几乎都会做的，如善用资源精进个人能力，都可以很好地达成个人层面上的成就。

但是作为一位领导者，仅关注个体成长是不够的，还需要考虑组织的健康成长，时刻关注团队的发展变化情况。就像集体跑步一样，对于跑得较快的优秀人才，要适时给予前进空间；对于时而落后的成员，也要及时进行提点和帮扶。

2019 年，上坤集团正式进入上市流程，整个项目由联席公司秘书、副总裁陆石媛负责。"当时的我完全没有经验"，陆石媛回忆说，也从来没有经历过资本市场，但是创始人朱静给了团队充分的信任，且一同并肩作战。

上市过程中，对于联交所的问询问题，朱静会跟进其主要内容，但对解决细节不会过问太多，大大减少了团队压力。而每当面对关键问题时，朱静也都会冲锋在前，给予团队极大的力量与信心。2020 年底，上坤集团正式上市港交所，在朱静的带领下，最终取得了超出预期的募资规模。

2．精神与物质的兼容并蓄

商业上的一大逻辑便在于，通过良好的组织协作，为企业带来可观的利润，之后进行利润的再分配。对普通员工而言，便可能是工资、奖金的波动。很多企业都会通过设立年终奖，激励员工努力达成工作绩效。

除"物质尊重"外，员工还会关注企业愿景，正在做的工作是否有价值？对于人类社会发展有无推进作用？当员工感受到在组织中被尊重，而且认为自己很有发展前途时，就会愿意投入更多的个人精力。

领导者在进行奖金和酬劳分配时，要关注个体之上的集体观，在团队目标之下开展激励措施。对于那些有贡献的人才，也要给予其奖励，鼓励他们更好地创造价值。

柔性领导力强调个体感受，从人性的角度出发，因地制宜地开展管理。领导者通过了解员工的人生意义和目标追求，筛选出与团队价值观相符的人，一同实现愿景。实现愿景的过程中团队人员或许会出现更替，但这也是搭建高战斗力团队的必由之路。

博世中国执行副总裁李晓虹，曾得知一个女下属为了工作，选择不要孩子，便反问她："你为什么不能要孩子？我不觉得这会影响你的工作。"

在博世集团的人文环境和政策下，企业不仅给予了孕期与哺乳期女性很大的支持，还推行 SmartWork 制度，允许员工每周的固定几天可以居家办公。此外，博世集团每年还会组织家庭日活动等。以上这些举措，既体现了企业"多元、平等和包容"的文化，也收获了人心。

就好比因利而聚的一群人，相当于手持着可燃材料，等待企业将手中的火把分享；因情而聚的一群人，则是一个个手持火苗的点点星光，聚如漫天星辰点亮夜空，并且持久闪烁，不会轻易熄灭。

从创业初期到成熟期各阶段的人才更替，构成了企业发展的底色，并逐渐形成了企业特有的文化基因。过程中，领导者应当具备培育和发展团队的能力，并尽量为他们提供资源和支持，帮助他们成长和展示潜力。

成就感有时就像多巴胺一样，为员工带来工作激情。就像在许多非营利的公益企业，员工在情怀的支撑下，哪怕领着并不高的薪资，也愿意尽可能地付出劳动。因为在他们的心目中，不仅是在为企业打工或谋利，而是上升到了生命意义的高度。

万物并育而不相害，道并行而不相悖。只有点燃员工心火，才能够激发企业活力，优秀的企业才能长盛不衰，奠定百年基业，这二者之间是相辅相成的。就如同员工与企业之间，从来都是合作共赢的关系，你中有我我中有你，一路结伴同行，是上下级也是亲密战友，因此要坚持竞合而非零和。

3. 与社会环境共融共生

孤举者难起，众行者易趋。也许所谓方成就他者，很难有标准的评价指标，但人们心中往往都能够感知到。具有柔性领导力的领导者，自身的价值观念与道德品质，可以起到示范和制约的作用。

作为企业家，除为企业创造利润之外，还会积极承担起社会责任，将企业的成功与社会的发展结合起来。而能够为社会真正创造价值的企业，也一定会收获丰厚的回报。

开能的河浜治理源于一次"不达标"的事故。2012 年，政府有关部门在开能检查污水系统时，发现其员工餐厅的排污由于雨水倒灌而不达标。这次事故引发了瞿建国对整个开能园区污水处理问题的思考。他想，无论是因开能自身的排放问题，还是因雨水倒灌所致，只要是从开能园区采样的水不达标，开能都难辞其咎。

针对污水治理，开能于当年组织了会议，邀请公司主要管理决策层参会。在会上，有高管提出聘请第三方专业污水处理公司承揽项目，对排污系统进行改造后，将符合标准的污水排入市政管网。"这是许多公司选择的做法，这样的做法成本低、工期短，可以快速解决园区污水不达标问题。"物业经理王爱民说。

第二种方案则是自己改造，打造一个全水回用的样本案例。根据园区污水特点进行污水一体化集中处理，再以物理、植物吸附等渐进方式进行。瞿建国在听了各方意见后表示，尽管开能的主营业务为家用全屋净水，但既然开能能为每个家庭提供健康的水，如果不能把自己园区的水处理好，还如何让客户信赖？所以，他决定采用自我改造方案，并将之列入"董事长工程"。

尽管很难看到经济效益，瞿建国仍然秉持着健康生态的理念，持续打造了两个阶段的全水回用工程。2013 年，开能不仅做到园区河道清澈见底，还因其在环保领域的积极表现，陆续赢得了社会大众的广泛认可。到 2019 年，开能从水治理延伸出的工业旅游项目，相关年销售额已超过 300 万元。

自然环境与每个人的生活息息相关，无论是企业社会责任（Corporate Social Responsibility, CSR）还是环境、社会和公司治理（Environmental, Social and Governance, ESG）的管理理念，其背后所传达的都是对人文的关注。就像河流一般，企业管理所覆盖之处，不仅可以解决行业问题，为员工带来成长，还能够创造社会价值，与环境共融共生。

实践建议

　　河流般的协作原则，关注通过组织间的合作实现共赢。想要进行良好的企业协作，也是有方法可循的，可以从以下两个方面，来进行相关能力的培养：包括共生共赢合作模式的打造，以及建立彼此间信任。

1. 如何赢得团队的信任

信任是指对一个人的预期，以及能否通过对对方的言语、行动和决策进行判断，相信其不会有风险。信任的重要两个成分是熟悉性和风险性。在一定时间的相处中，人们可以互相熟悉，不断积累出对彼此的信任。

信任与领导有密切关系，当信任被破坏时，会对团队绩效造成十分严重的不良后果。当下属信任领导者时，会愿意接受领导者的影响。而人们觉得领导者不诚实或者利用自己时，就会不尊重、不追随领导者。诚实对领导者是绝对重要的，要想让人心甘情愿地追随你，首先要别人信任你。

信任具有五个关键维度。

（1）正直：诚实和真实是领导者重要的特性，即具备正直的品格。

（2）胜任力：具备技术和人际方面的知识和能力，使人相信其有能力完成工作。

（3）始终如一：当信任一个人时，希望其具有可靠性，可以预测，言行一致。

（4）忠诚：对人真诚，不会背叛。

（5）开放：说出自己真实的想法，没有隐藏和欺瞒。

2. 三种信任关系类型

在组织关系中存在三种类型的信任。

（1）基于威慑的信任。

这种关系最为脆弱，有可能一次违背就可以破坏这种关系。该信任结构以担心违背信任时会受到报复为基础，害怕自己不履行责任所得到的后果。

只有当惩罚存在，违背信任必定受到惩罚时，威慑基础上的信任才会有效。要想维持这种信任关系，个体违背信任时所造成的潜在损失必须超过他所获得的潜在收益。受到伤害的一方必须愿意对践踏信任的一方造成伤害。绝大多数新型关系的建立始于威慑基础。新建立的领导者和员工关系，作为员工，通常会信任新老板，这种信任是建立在老板的权威基础上的，如果你不履行职责，他会对你施加惩罚。

（2）基于了解的信任。

绝大多数组织关系植根于基于了解的信任。行为可以预测，相互了解。当你对某人足够信任、了解，并能预测他的行为时，这种信任就产生了。这种信任不是基于威慑的信任的契约、惩罚、法律条文的，而是依赖于信息，并随着时间的推移而不断加深，共同经历，建构值得信赖和可预测性的信心的。你越了解一个人，沟通互动越多，就越能预测出他会做的事情。在组织情境中，绝大多数领导者和员工关系是基于了解的信任，拥有充分的共同工作的经历，彼此知道各自的预期，也不太可能因为一次违背而永久破坏信任关系。

（3）基于认同的信任。

当双方之间存在情感纽带的联系时，就达到了信任的最高水平，双方彼此理解各自的意图，可以体察到对方的需求和渴望。

在组织中可以看到这种信任，由于一起工作了很长时间，互相了解对方内心世界和外在行为，这也正是领导者希望在工作团队中看到的，彼此适应和相互信任，可以预料到彼此的行为，并能在对方缺席时代为处理相关事项。

第 5 章

湖水般的共情原则

湖水是澄澈的象征，给人以静谧的遐想。泛舟湖上，或是看天鹅在湖水中游弋，都指向一种安宁的状态。在童话世界中，也总少不了森林的小湖边这一幕景象，发生着许多温馨的故事。而湖水给人的感觉，似乎总是安全与温和的。

将我招聘进入中欧商学院的时任院长——郭理默（Rolf D. Cremer），是一位德国人，身上有着湖水的特质。他的善于倾听，会让我想起米其林的白乐涵（老白）。老白是一位法国人，在与人对话时会倾听以及点头，非常尊重他人的想法，同时善于换位思考。

郭理默作为一名外国人，在中国的商学院担任领导者，十分尊重多元化，以及个体的差异性。即便有人提出了不同的意见，他也能够用一种比较尊重他人、认真倾听、令人易于接受的说话方式和语调，来进行沟通。他的这种开放且共情的领导风格，让人觉得特别舒适，愿意和他真心交流，不伪装、不阳奉阴违。

庄子云："水之性，不杂则清，莫动则平；郁闭而不流，亦不能清。"对企业的管理与经营而言，这意味着能力的积淀，以及组织规章与管理制度的透明化。也意味着可以通过知己、鉴察、对照、积淀、自清、改进，循环式地上升改进，由浊至清、由阴至明。

具体来说，湖水般的共情原则可以体现为：首先，要像湖水般平静和冷静，而习得冷静这一必备特质，需要拥有处变不惊的能力，并在面对困难时做正确的事；其次，要拥有共情思维，而这则意味着，既有从员工角度看问题的同理心，又有从老板视角看问题的换位思考，并用共情换来相互成就；最后，要认识到反思和反馈的重要性，还要像镜子一样反思自省，打造积极的反馈文化，同时通过真诚开放的沟通加强组织认同感。

冷静是领导的必备特质

冷静的心，在任何环境里，都能建立更深微的世界。

——冰心

湖水通常呈现出平静的表面，体现了领导者在面对挑战和压力时的稳定和冷静。领导者应该能够保持内心的平静，不被外界干扰所动摇，以稳定团队并做出明智的决策。

人作为一种情绪动物，总会因为生活和工作中各种各样的事，导致情绪的波动，或者出现情绪化的行为。而一个人的态度又会受到环境的影响，同时也会反过来影响周围人。

能够保持积极的心态，无疑可以让工作更加快乐，也让团队之间的联系更为紧密，带来良好的工作氛围。

1. 处变不惊的能力

我认识刘明明时，她是福伊特造纸技术集团（以下简称福伊特造纸）中国区总裁兼首席执行官。福伊特造纸是德国一家工业技术企业，为全球提供造纸技术、能源技术、驱动技术，以及为工业提供服务。世界上每三张纸中就有一张是使用福伊特造纸机生产的，如中国人民币的纸钞便是用他们的机器印的，我常笑她说不如直接印钞票来"卖"算了。

当时60岁的她，高个、修长，喜欢戴大耳环，绝对爱美。一点也不像那个时代的女人。文革时期的时候，父亲有一天跟她说，"明明，我告诉你一件事，可能我最近有变化，你要有思想准备。"那时她才15岁。

父亲哭了，她却没哭，知道有什么事情要来临了，她反而特别冷静。她发现自己越在危难的时候越冷静，平常反倒是个急性子的人。一旦出大事，别人都慌了，她却格外冷静，回想起来，她说危机时往往是激发她的潜能、状态最好的时候。在以后的人生中，无论是遇到极大的困难，还是纵横商界之时，这种遇事冷静都让她受益匪浅。

在刘明明看来，上山下乡是无法改变的事情，而不管在什么样的环境中，她总是积极向上的，在东北的九年是意志的锻炼，也让她培养出了特别强的适应能力。等回到城市，她已经28岁了。39岁时，她决定辞职前往德国求学，并在四年学成后，毅然选择回到中国，在一家中德合资公司任职。

这家德国公司位于云南一个贫困的小县城，条件十分艰苦。它通过兼并了一家为红塔集团生产卷烟纸的小纸厂，并与部队合作，成立了合资企业——红塔蓝鹰纸业有限公司。由军队、中方和德方一起经营这家造纸厂，中方任命董事长，德方任命总经理和技术总监，刘明明的事业发展也由此开始。

刚到云南时，她因陪同德国人且穿着时髦，不太被中方接受。后来，公司找了香港人做总经理，德国人做技术总监，她只能做翻译。随着合作的谈判结束，德国人都相继回国了，刘明明却选择留下来，像回到上山下乡一般，恢复朴素的装扮，想用行动来赢得中方和德方的认可。

半年过后，香港的总经理因合作问题，被责令辞退了。德方半年都无法找到合适的人选，于是希望中方派遣一位总经理。中方提议道："你们有人选呀，那个女的，她是个做事的人。"这时是德方内部反对，称总经理应该由德国人担任，这个不懂技术的女同志，怎么可以胜任呢？

最终，双方同意让她先做6个月的代理总经理。从被中国人不信任到被德国人不信任，刘明明一直处于被考验的状态中。在其代职的半年里，也发生了一连串的问题，她拼得几乎连命都没了。但她一次又一次冷静地应对和坚持，才走到了今天。

2. 面对困难时做正确的事

当面对压力时，是最难以保持冷静的，这个时候不能总是去想，有关自己能否成功，或者是能否持续进步等。必须要学会给自己减压，要告诉自己即便短期内达不成期望，也没有关系。因为事情的发展本身就不是线性的，更多的是处在不断波动起伏的周期中，需要根据外部形势变化，不断进行目标和期望的调整就好了。

保持平静有助于领导者冷静分析问题，避免被压力所控制，从而做出更为明智和合理的决策。

有一年，玉溪卷烟厂是福伊特造纸中国区合资公司的最大股东，占有 60% 的股份，也占到了公司 70% 的产品业务量。有一天，刘明明还在北京出差，工厂员工打电话称，仓库里发现有霉点的卷烟纸。卷烟纸张对卫生度和清洁度有很高的要求，同时玉溪卷烟厂又是大客户。她当即叫停生产，向技术部门和德方通报，并下令进行调查。

她还坚持派公司代表到每个客户处，看纸张有无问题，如有问题，便要求客户赶紧停产。等刘明明三天后回到公司，局面一片混乱。卷烟纸陆续被退回，中方和德方管理层联合起来对她发难。

总部来了一个传真，想知道为什么未经他们同意，就把这件事情告知客户。"你凭什么以为自己有权力要求客户停产？不错，你是总经理，但不要忘了：我们让你当就当，不让你当就不能当。"她回忆道。

但刘明明没有退却，"回头我会在正式会议上向总部汇报这件事，这个决定我做了，责任我来承担"。刘明明要求德方技术部门找出问题原因，对于退回的卷烟纸，看经过技术处理后还能否使用。幸好问题发现及时，且客户对公司的处理方式非常满意，用新技术处理过的合格纸张，又全部送回客户那里，厂里没有太大损失。

"及时停产的话，仅仅是损失卷烟纸。但是一旦使用在卷烟上，损失会更大"，她解释道，玉溪卷烟厂从此对刘明明更信任了。

做一位有共情思维的领导者

共情思维的底层逻辑是尊重他人、理解他人，而这就要领导者先建立同理心。想一想如果你处在对方的位置，会希望得到怎样的对待？以及如何在达成工作成果的同时，让对方感受到被尊重？这里不仅是语言上的尊重，语气和肢体动作同样重要。当传达出充分的理解和支持，并且被对方接受时，就能够与团队建立足够的信任。

1. 同理心——从员工角度看问题

具有同理心的领导者在做出决策时，会考虑员工的感受和利益，避免做出损害员工权益的决策。这种以人为本的决策方式，能够减少员工的不满和抵制，提高决策的执行力和效果。

同时，在面对市场变化、技术革新等挑战时，具有同理心的领导者，往往能够更好地理解员工的担忧和困难，并及时提供支持和帮助。这种关怀和支持，能够增强企业的适应性和韧性，使企业更加从容地应对各种挑战和危机。

我举一个例子，来说明换位思考在解决问题时的重要性。

我在前面介绍过在施耐德电气担任全球研发副总裁的董杏丽。有一次她接到总部的任务，需要关闭位于欧洲和澳洲的一些小的研发团队。她回忆道："在这中间沟通很重要，前期也需要很多准备工作。比如说在波兰的厂区，当我和他们说这个消息时，大家是很震惊的。"

基于同理心，董杏丽和 HR 做了很多工作，帮助这些员工在内部和外部寻找机会，最终使得波兰厂区关闭工作顺利结束。董杏丽以及管理团队很耐心地和员工一对一地讲述关厂的原因，并得到了他们的理解。当员工理解这个决定是属于企业的策略，而不是针对个人的时候，也就平复了心情。"当他们拿到了外部的工作机会时，这些员工很负责，十分配合，坚持完成所有的交接才离开。"

当然，基于不同国家的劳动法不同，其中也有极端挑战的例子。例如，在芬兰，当宣布关闭团队的消息后，当地工会出于对员工利益的保护，设立了6~8周的"冷静期"，在这期间不允许公司和员工进行正式接触。由于缺少沟通，员工无法了解到事情的细节，不良情绪便在发酵，不断蔓延。等到进行最后正式沟通的一个月时，有一半的员工选择离开。

"这个过程很痛苦，我们没有机会解释，也无法帮助他们寻找机会。"对董杏丽而言，站在员工角度进行换位思考，为其提供及时的帮助，一直是她所秉承的管理理念。但是如果没有尽其所能，成功帮助员工渡过难关，她自己也会感到非常自责和遗憾。这样的管理理念和真诚，也帮助她在跨文化的环境下得到员工的认可，树立了威信。

2. 换位思考——从老板视角看问题

沟通是一种双向互动的事情，不只是向下沟通需要换位思考，其实对上司也要换位思考。从老板的视角思考问题，才能更有效让他理解自己的观点。很多时候，站在自身专业立场上来看是非常合理的，但换到老板的角度，可能就截然不同。向上管理更需要学会换位思考。隆雨有一个例子是特别经典的。

2012年，京东在当时的电商浪潮中接连亏损，外界甚至有"京东资金链断裂""亏损停不下来"等言论，然而，就是在这种情况下，隆雨放弃了跨国公司高管的光鲜头衔和优厚待遇，走进了一家本土民企，从刘强东的同学变成了刘强东的同事。

加入京东前，她曾先后担任瑞士上市公司 Myriad Group AG 亚太区法务总监及大中华区核心管理人员、美国 NASDAQ 上市公司 UT 斯达康（UT starcom）全球高级副总裁、首席法律总顾问及首席合规官。

当初，隆雨在考虑是否正式加入京东时，刘强东曾问她："你觉得京东最大的瓶颈是什么？"作为刘强东中欧商学院的同班同学，隆雨直言不讳地回答："如果你不能改变自己的管理风格，很快你就会成为这家公司的瓶颈。"

刚加入京东的隆雨，首次提出需要梳理企业文化，却意外地遭到了刘强东的反对——京东的文化基因已经根深蒂固，于是不假思索地拒绝了她。隆雨并没有急于证明自己，她很清楚，公司文化的梳理必须自上而下进行。她对刘强东说："如果你不同意，我坚决不做，没有你的支持，这个项目是没有意义的。"

进一步了解了公司的痛点后，隆雨再一次找到刘强东，提问"京东是要做中国的京东还是世界的京东？"刘强东回答"当然是世界的京东。""那目前的企业文化能符合世界京东的愿景吗？"她问。

文化梳理就是为了未来的京东能够更好地站在国际舞台上，被全世界理解和认可。京东需要用一种全世界听得懂的语言描述自己的企业文化，而且无论未来京东的员工在哪个国家，都会比较统一地去传递京东的文化。

听到这个理由，刘强东思考了一周，对隆雨做出了肯定的答复："我觉得你是对的。"向上沟通，需要了解老板的思维和关注点，换位思考，从他的视角考虑问题，才能有效说服老板。

3. 共情换来相互成就

湖水能够滋养周围的生物和植被，为其提供生长和发展的环境。领导者应该具备培养和发展团队成员的能力，为他们提供支持和机会，帮助他们实现个人和职业目标。

在工作中，领导者与员工其实是互相成就的关系，员工为领导者工作，而领导者也需要关注员工的成长。员工通过努力获得回报，领导者也通过培养团队获得成功，反之，如果团队失败，领导者也会面临挑战，可以说领导者与团队命运是休戚与共的。

2022 新年伊始，朱静召集核心高管对过去一年的企业经营情况进行回顾和总结，并讨论如何对高管去年的绩效结果进行处罚。上坤集团内部针对各个层级执行全景激励体系，以激励员工的潜能发挥，做到奖惩分明。

2021 年中，为了应对市场下行风险，激励团队积极性，提高业绩，一位新入职的高管将前司的激励制度中的一些有效做法照搬过来，形成了针对上坤集团高管的新奖罚制度。

从高管 2021 年的绩效考评来看，结果并不理想，接近半数的高管没有达标。根据未达标的严重程度，上坤集团会进行不同程度的惩罚。按照现有制度来考核 2021 年的高管绩效，3 位高管将受到 50 万元以内的处罚，3 位高管将被处罚 50 万～100 万元，另有 4 位高管将面临高于 100 万元的处罚。

在会议上，朱静没有责怪市场部对于市场的研判出现失误，也没有指责人力资源部对组织调整的滞后，而是进行自我检讨觉得自己也没有特别快地进行策略调整，有作为企业领导人的优先级问题。"朱总这样说，其实会让我们这些高管更自责，会激发我们的自我反思"，当时的 HR 负责人郭亚林说。

朱静内心在犹豫，她知道这些高管平时都勤勤恳恳，之前的业绩还不错，仅因为这一次的事项目标未达成，就对他们进行如此严苛的处罚，她于心不忍。更何况执行这样严厉的处罚，她也担心会引发一些高管的不满情绪而导致高管离职，对高层造成一些动荡。

毕竟这关系到上坤集团的人才发展战略，能否打造一支能力强且稳定的高管团队，对处于成长期的上坤集团至关重要。但是，奖惩规则定下，如果不严格执行，那制度就如同废纸，起不到激励作用，反而适得其反。

最终，朱静选择对高管层进行惩罚，但是策略上进行了相对调整，即部分高管得到了惩罚，且惩罚的具体金额设置了顶线。朱静的这一做法，体现出了在管理中感性与理性的融合，即便是根据既定的奖惩规则，朱静可以理直气壮地实施惩罚，但那样做会伤害团队士气。在管理过程中，只有跟团队同频共振、相互成就，才是企业的长久发展之道。

团队管理是一个整体性工作，越是高层的领导者，在考虑工作安排时，就越是要有大局观，也越是要会培养他人。例如适当地放权，让员工自己去解决问题，并且思考如何才能够让其更好地成长。

而想要关注团队成员的发展和成长，则需要提供支持和资源，帮助他们实现个人目标，并为他们创造发展的机会和环境。如果员工在成长过程中需要资源，就支持他，不要担心培养完成后员工会离开，真正建立起情感连接后，员工的忠诚度反而是会大大提高的。

透明化沟通——反思和反馈的重要性

真诚是一种勇敢坦诚的生活态度，它是我们思想和行动的出发点和归宿。

——毕淑敏

湖水通常具有清澈透明的特点，这代表着领导者应该具备坦诚和透明的沟通风格，以及认识自我不足的勇气。领导者应该秉持诚实和透明的原则，与团队成员进行开放的沟通，分享信息和目标，建立信任和合作关系。同时，自己能不断地反思和改进。

所有良好沟通的核心，都在于彼此间的信任程度，有效的沟通在于帮助对方了解你谈话的真实目的，哪怕沟通的过程会比较艰难，只要学会如何传递信息，都能够帮助事务不断地推进。

1. 像镜子一样反思自省

知不足，然后能自反也；知困，然后能自强也。

——《礼记·学记》

每个人在内心中，都希望自己可以不断成长和进步，反思能够帮助人们回想自己存在哪些问题，而学习则能够让人们持续提升能力。每个人都有缺点和不足之处，做出错误的管理决策也在所难免，问题在于要勇敢地直面问题，才能够找到症结所在，并且采取正确的行动来寻找解决方案。

领导者应该有效地处理事务，就像湖水以同情心接纳清澈和泥泞一样。同时还要敢于突破现状，不要满足于眼前的成就，而是学会不断拓展自身的能力边界，向优秀的人看齐，也让自己迈向更高的目标。

人最需要警惕的，便是陷进过往成就的牢笼，能够帮助我们正确认识自己的，便是发掘自省能力。在面对失败时，通过自省能够让我们避免重蹈覆辙，在面对成功时，坚持自省也能够让我们不被冲昏头脑，并且持续反思长足进步。

领导者应当反思自己的领导方式和行为，寻求改进和成长的机会，同时发展自我管理的能力，包括时间管理、情绪管理和决策能力，以提高自身的领导力水平。自省也是非常具体的，不仅要分析自己做了什么，还要细致地去察觉，关于当初做出决定的深层次原因。深度反思有助于我们找出规律并提升自我。

就像我前面提到的朱静，在高管业绩没达标的时候，她并没有一味指责市场部对于市场的研判失误，也没指责人力资源部对组织调整的缓慢，而是进行自我检讨，觉得自己的前瞻性不够。她这样以身作则的反思，能带动大家从自身找问题，深刻反思自己做不好的地方，以求下次改进。

提升自己最快的方式，便是与优秀的人为伍，从他人的身上，可以发现很多平时容易被忽视的细节。但是学习并不等同于模仿，更多的是思考他人行为处事背后的逻辑，并且与自身情况相结合，思考哪些是自己还缺乏的，或者是可以提升的。学习优秀者的思维方式，可以带给人启发，并且激励着自身不断前行。

这里我要说一个富二代接班的故事。瞿建国创办了开能集团，他原先并没有打算让儿子瞿亚明接班，他认为现有的团队擅长的是企业由 0 到 1 的搭建，但是在 1 到 100 的发展过程中，需要规范化和标准化的管理，也需要组织配备具有不同的专业和能力的人才。

因此，2017 年，他从跨国公司引入了职业经理人成为公司的CEO，希望借助职业经理人在跨国公司的经验，更进一步地打造产品的品牌。同时，为了给职业经理人改革留有更大的空间，他让儿子瞿亚明从制造这个核心部门退出，独立运营孵化和创新事业部，只以旁观者的姿态参与改革的过程。

那段时间，瞿亚明感到特别失落，感觉有点彷徨。他索性跑去商学院学习，思考自己未来的方向，但他同时以旁观者的心态参与了企业的改革工作。

职业经理人提出的品牌化战略，要求开能集团拥有"小资"属性，这需要开能集团在能力上，打造符合 2C 业务属性。然而，2B 和 2C 业务的发力点并不相同，因此，当新的战略以及需要开发的核心竞争力与原有发展相悖时，开能集团内部各体系之间，都感受到了强烈的冲击。此时，开能集团面临的是强行转型，因此改革效果不是很理想。经过三年的磨合，2020 年，开能集团终止了与职业经理人的合作。

在职业经理人退出后，瞿亚明也正式从父亲手中接棒，成为开能集团的新任总裁。过程中，瞿亚明也在商学院学习商业知识，取得了很大的进步，这期间他也充分反思了在职业经理人管理期间，自身的不足之处和可以改进的地方。

瞿亚明谈道："虽然这次改革的效果并不理想，但对我来说是很好的学习经历，让我学习到世界 500 强的一些管理方式和经验，也帮助我厘清了发展过程中传承与创造之间的关系。需要传承的是开能集团的企业文化，以及勤勤恳恳做制造的态度，而需要创新的是做事的方式和方法。"

　　基于对品牌化战略改革效果不佳的反思，在接任后，瞿亚明花费了很多精力去重新确定开能集团的发展战略，摒弃了与开能集团基因不融合的品牌化战略，继续在 2B 业务上深耕，并确定了围绕主业更全面的能力建设路径，围绕以客户领先模式下，全品类 BU（Business Unit，独立的业务单元）组织架构的重塑，在完成产品能力和管控的基础上，再去进行收并购，推动企业发展。

　　对于此次接任，瞿亚明认为这是一个好的时机："企业转型过程中会面临很多困难和阻力，以内部者的身份可能很难推动。但空降的管理层起到了很好的'松土'作用，尽管最后由于水土不服离开了企业，但却给企业带来很多新的东西，并留下了一片松动的土壤，提升了员工的思维，开阔了眼界，为后期的变革创造了可能。"

　　他的这种反思和学习的精神，为他的接班之路打开了局面，也成为他的习惯。他也将这种精神传达给自己的员工。他不仅自己学习，也让员工不断学习，在内部打造学习型组织。看着他的成长和转变，我还是觉得很欣慰的。

2. 打造积极的反馈文化

　　在业内流传一种说法，那便是 90%以上员工的离职，来源于与直属领导之间的关系不畅。作为员工投入时间与精力，期望获得报偿的工作内容是比较合理的；而作为领导者，为员工提供恰当的反馈和正确引导十分重要，其中最有影响力和积极效果的当属正面反馈。

适时的正反馈，就好比公路上每隔一段时间便会出现的路标一样。领导者通过恰当的引导，让员工明确在后续的工作过程中，是沿用此前的工作方式或是予以改变。然而，缺乏反馈的公路则可能会将员工"带进沟里"。

董杏丽跟我提起她的一个上司，让我印象深刻。2021 年 7 月左右，董杏丽的直属上司进行了变动，这位新来的老板让她耳目一新，也让她对领导风格的差异对员工产生的不同影响有了深刻的认识。

"我现在的这个老板是位女性，这也是我第一次和女老板共事。我发现她跟我以前的老板有很多不一样的地方，在做事方式上的差异还是很大的。第一个是体现在人文关怀上，在每次开大会时，她会和大家进行互动，不仅是业务上的事情，还会聊一些家庭、个人方面的事情。我认为这样做可以很好地拉近彼此的距离。"董杏丽分享她的体验。

让董杏丽感动的是这位领导尊重每一个员工。有一次，这位领导的一个下属（也就是董杏丽的平级）有一些人事变动，领导需要进行招聘。因为应聘的人很多，所以这位领导需要花大量的时间和每一个应聘者进行面试。确定最终人选后，这位领导还会花额外的时间写邮件给那些没有应聘上这个职位的候选人，具体解释为什么不成功，以后需要注重哪些方面的能力提升。

董杏丽有参与到其中的面试环节，她对此深有体会："我有一些团队的同事去申请了，有人申请成功，有人没有申请成功。他们都给我反馈认为这个过程让他们感觉比较好，非常受到尊重。即使没有应聘成功，这中间一对一的职业规划沟通，让员工看到职业发展的希望。这种人性化的沟通方式，对人的关怀和重视是我之前没有遇到过的。"这让董杏丽意识到对员工的尊重和反馈是多么的重要。

"及时反馈，及时提供帮助，拥抱不同，共同成长"，也是董杏丽从下属中听到对她最多的评价。她的团队从中国到加拿大，夏天的时差有 15 个小时，冬天是 16 个小时，所以要组织整个团队的会议是很不容易的一件事。董杏丽一般会选择北京时间晚上 9 点或 10 点，因为这样平衡下来，她认为对大家是都容易接受的一个时间，这体现了她对团队的关怀。

中国员工常被贴上"内卷""很拼"的标签，但是董杏丽认为家庭和生活的平衡对每个人都很重要。她提到在部门中如何执行平衡生活和工作的政策："我觉得要视情况而定，该拼的时候肯定要拼，如在产品交付的关键期，当然要额外付出。但为了可持续发展，不能一直那么拼，否则会吃不消的。

在工作日，由于团队时区跨度大，我很多时候是从早上工作到深夜，这样的话我周末就尽量不工作，而且周末的时候也不会给员工发邮件，我们都需要有时间进行体育锻炼，提升自己和陪伴家人。"

在董杏丽的部门里，有一个打卡群，鼓励大家运动打卡，进行生活或者美食分享。她希望营造出这样一种氛围，鼓励大家有个人的兴趣爱好，而不是只有工作。通过反馈自身的积极生活状态，也可以增进团队沟通，便于大家更好地沟通与交流。

3. 真诚开放的沟通加强组织认同感

真诚的沟通可谓必杀技，尤其是当不知道怎么沟通时，不妨就大胆地说出自己的真实想法，起码能让对方看到你真诚的态度。无论结果如何，真诚这一点也会带给人好的感受。

与团队成员进行坦诚和透明的沟通，分享信息、目标和决策过程，可以帮助建立信任和透明度，促进良好的沟通和合作。而想要让团队之间达成信任，那么离不开良好沟通环境的打造，无论是开会还是团建的模式，都能够创造团队间沟通的空间。

为了能够确保组织成员的观点被正确传达，还可以采用文字化表达和口语化表达相结合的方式，或者是图文并茂的形式，便于来自不同文化背景甚至不同国家的人，都能够加以理解。

2018 年，面包新语集团在 18 个地区拥有逾 7000 名员工，其中新加坡约 3500 名，中国大陆约 3000 名。随着集团不断发展壮大，内部沟通问题日益突出，不要说国家之间，就是在同一国家，沟通起来也越来越困难。

例如，单单新加坡就有 150 多家门店，而在中国大陆，将近 400 家门店散布于 50 多座城市中。为加强国际总部与其他区域之间的沟通，集团人力资源部付出了不少努力。

总部人力资源决定组织召开第一届员工会议，随后每隔数月就在其他城市（北京、上海和曼谷等）举办团建活动。活动期间，CEO 和高管团队通过线上现场问答平台与员工展开坦诚的对话。

员工可以通过移动设备提匿名问题，包括敏感问题。公关部门的副总裁 Glenn Huang 表示："我认为关键在于员工是否认为管理层在真诚地与他们沟通，而不只是作秀。我们努力通过这些途径拉近高管与员工的距离。尤其是面包新语有许多资深员工，他们从公司成立之初就开始奋战至今，要想求变，就得提前沟通，帮助他们了解其中的利害关系。"

和谐不是 100 个人发出同一种声音，而是当 100 个人发出 100 种声音时，他们同时彼此尊重。湖水展现出自然的和谐和平衡，这代表着领导者应该促进团队的和谐相处和平衡发展。

在和谐的环境中，无疑更有利于工作的推进，适当的工作设施、休息区的布置，也能够让员工充满激情并且拥有归属感。平衡好公司利益与人文关怀间的关系，也可以让员工更加热爱企业，也能助力企业更好地发展。

湖水般的共情原则，关注通过共情他人和建立信任，打造和谐平衡的关系。其中，既包括培养共情思维，也包括及时地反思自省，具体来说分为两个关键点，那就是：学会倾听和学会教练。

1. 学会倾听

STEP是一种方法，帮助我们学会深度倾听自己（Self）、事实（Truth）、情绪（Emotion）、目标和潜力（Purpose & Potential）这四个象限。其具体的内涵如下。

自己（Self），即"我是、我认为"，侧重于自我觉察和尊重。这个部分需要倾听到的是：你刚才说你是……（重述对方的话），或者我观察到你……（解读对方的话）。

事实（Truth），即"事实是、真相是"，侧重于事实的视角。这个部分需要倾听到的是：我看到的是什么，以及当时的场景是什么。

情绪（Emotion），即"我的感觉"，侧重于在情绪的背后的需求和愿望，以及情绪所传递的更深刻的信息。这个部分需要倾听到的是：我感受到的是什么，以及我体会到的是什么。这一点，也关乎共情与信任。

目标和潜力（Purpose&Potential），侧重于未来前景、动机和潜力，以及动力和期望。这个部分需要倾听到的是：你是不是建议做什么，我明白你想做什么等。

下面是积极询问（STEP）的一些例句：

（1）你是怎么想的？你的意思是什么？（S）

（2）你怎么看？能表述一下当时的场景吗？（T）

（3）你能详细说明一下吗？Who、What、When、Where、How（T）

（4）你有何感受？（E）

（5）我感觉你有点沮丧，是这样的吗？（E）

（6）你希望怎样？接下来你有什么想法？（P）

（7）如果能重新来过，你会有哪些不同的做法？（E/P）

（8）如果行不通怎么办？（P）

（9）有哪些选择方案？你还有哪些其他想法？还有吗？（P）

（10）你对这些想法感觉怎样？有信心或担心吗？（E）

2. 学会教练

领导者通常擅长完成任务，可是在许多情况下，员工并不需要你的解决方案，他们需要你的倾听和关注。许多问题仅需要倾听和认同。这种情况下"无为"通常是最有力的手段。要启发员工，而非直接给出答案。领导者的工作不是替员工解决问题，而是帮助员工成长和发展，以便获得独立解决问题的能力。

我们应避免直接解决员工的问题，而剥夺他们学习的机会。相反地，领导者应该给予指导和培训，为他们指出找到答案的捷径。GROW教练法是非常实用的工具。能帮助我们在工作中更有效地促进团队成员成长。它包含四个步骤。

G，帮助员工确定真正的"目标"（Goal），即想做什么？这一阶段需要设置短期和长期目标，这也是保证以后一切行为正确的基础。

R，帮助员工分析"现状"（Reality），即现实情况是什么？

这一阶段要客观地分析问题、环境，这是决定未来行动的依据。

O，代表的是"方案"（Option），列出备选方案，也就是有哪些解决方案可供选择，即可以做什么？这一阶段是帮助员工寻找各种可能的方式、障碍，并罗列各种可能的选择，寻找最好的方案。

W，代表的是"决心"（Will），下决心执行行动计划，帮助员工厘清他将要做什么？这一阶段是制订现实可行的行动计划，并下决心执行行动计划，把在上一阶段确定的可行方案落到实处。

第 **6** 章

瀑布般的赋能原则

瀑布给人的第一观感，便是壮大且浩然的水势。水从高处俯冲下来，带着强大的爆发力，如自由落体般坠落。即便会遇到艰难险阻，瀑布也从不停止流动，在暴风雨中还会迸发出更加可怕的力量。但瀑布的威严，并不总是通过咆哮来体现的，不信你看，在瀑布下游的动植物，都沐浴在瀑布的给养中，展现出旺盛的生命力。

众多水流汇聚而成强有力的瀑布，通过源源不断的流动来保持活力。瀑布的奔腾也许只在一刻间，但却时刻为溪流创造和注入新的能量。对于瀑布来说，可能一会儿咆哮，一会儿又静静地流淌，但它们总是在创造，总是给它们哺育的河流和溪流带来新的水和新的生物。

瀑布让人联想到的是创业的激情，那股冲劲和力量，是领导者需要开创的勇气和节奏。例如，早期阿里巴巴的创始人马云，资金短缺，互联网普及程度低，但他凭着一股梦想与激情，和团队一起不断摸索创新，从电商平台到金融、云计算和物流等多个领域。又比如小米的创始人雷军，以"为发烧而生"的口号，用互联网思维做手机，异军突起，现在又做电动汽车，体现出企业家需要具备的一种激情和勇气。

瀑布象征激情，唯有激情才能带来能量和创造；瀑布更是执勇气之剑开辟革新道路，并一路上赋能和激发团队的潜能和活力；

可是瀑布最终也在巨大轰鸣后由动入静，返璞归真。急流勇退也是一种勇气。疫情后的几年，我身边许多创业者和企业高管，都处在一种挣扎的状态，有些选择放下，有些选择等待。等待是为了厚积薄发。

唯有激情才能带来力量

> 在路上，我们永远年轻，永远热泪盈眶。
>
> ——杰克·凯鲁亚克

迈克尔·波特曾说："企业家最重要的素质就是要有战略创新能力和对事业的激情。"激情来源于对自己所从事工作的热爱、对成功的渴望，以及敢于应对挑战的勇气。很多人为什么要跳出舒适区，就是出于对未知的向往，而大胆跃入新领域，也会带来新的机遇和可能性。

激情不仅能够帮助领导者开疆拓土，打开事业的新契机，也能感召和影响他人，打造出富有战斗力的团队。此外，充满激情的人生也是精彩的人生，一个人能够为自己心中的理想而奋斗，并且持续创造价值，还有什么比这更有意义的呢？

1. 激情创造成功的开始

拥有瀑布般的领导力，意味着需要积极的心态、坚定的意志、良好的沟通和团队合作能力，并持续地提升和发展自己的领导潜力。人性中天然有着畏难的情绪，即便还没有去尝试，有时就会给自己心理暗示，认为可能完不成，或者由于太困难而不愿意去做。

这一点主要源于对自身能力的不自信，以及并不了解自身的能力边界，领导者可以寻找合适的锚点，帮助团队在行动中激发出潜力。人潜意识中都害怕失败，都愿意待在自己的舒适区中。所以，领导者要激发员工走出舒适区，尝试新的事物和领域，这样才能使其获取新的体验和技能。

如果去问很多优秀的企业家，在已经实现财富自由之后，为什么还要去开拓新的领域，那么在他们的答案中，一定会包含激情这一要素。无论是想要改变世界，还是实现更大的人生价值，都体现出一种不怕输的精神，而只有勇敢迈出第一步的人，才能更快地拥抱成功。

例如，小米的创始人雷军，在打造了小米手机以及小米智能家居等一系列的成功商业案例之后，在激情的引领下，毅然决然投入新能源汽车领域，直面可谓 "修罗场" 的造车市场挑战。毕竟在当下充满挑战的经济环境中，企业在做出战略选择时，容错率大大降低，因此小米汽车的整个生产条线，包括后续的营销环节，都由雷军亲自上阵。

小米造车三年，面世首战对小米而言，可谓关键战役，因此也集聚了小米最优秀的团队。最终，第一款汽车小米 SU7 上市当天，就实现了 4 分钟订单破万台，24 小时破八万台的数据，刷新了汽车领域的新车订单纪录。其背后既有小米自身出色的营销能力，也离不开此前积累的大批"米粉"，更主要的是来自创始人雷军放手一搏的雄心。激情的价值可见一斑。

激情是成功的起点，是驱动梦想的原动力。当我们心中燃起对某个目标或事业的热爱时，那种激情便会化作无穷的动力，促使我们不断前行。激情也让我们在困难面前不容易放弃，激励我们在挫折中寻找新的出路。它也是创新的泉源，激发出无尽的创意和灵感。每一次的失败在激情的驱动下，都会是迈前一步的台阶。正因为有了激情，我们才会全身心投入，不断自我突破，最终走向心中的彼岸。

2. 打造有激情和活力的企业文化

瀑布在它的源头是最可怕的，而它真正的力量，却在于它在下游创造涟漪的能力。就像激情，从来不是领导者的专属。相反，真正具有领导魅力的领导者，其身上所散发出的乐观与活力，也会影响身边的他人。无论是领导者还是下属，都会被这种积极的态度所感染，为组织带来新的生机。

杰克·韦尔奇说，"活力"就是要具备坚信自己将有所作为的精神，渴望行动，喜欢变革。领导者自身的状态，会对团队造成很大的影响，想要让员工具有干劲，离不开领导者巨大的激情和能量供给。可以说，领导者就如同熊熊燃烧的火堆，而员工则是一个个火把，通过领导者强烈的热情，可以将火苗传递给每一个人。

京东从创立伊始，其企业文化就特别强调激情。随着企业的快速成长，京东逐渐汇聚了来自不同背景的人才。最开始京东只有一个副总裁，但到了2012年初，刘强东直接听取汇报的高管已经达到22人，员工几十万人。由于员工思维、行为、价值观的不一致，导致管理难度加大，再加上老员工的流失、新老员工的融合，成长过程难免出现文化价值观的冲突与融合的问题。

隆雨身为京东首席人力资源官非常重要的一项任务，就是开始着手梳理京东的文化和价值观，她希望能够为京东梳理出能支撑公司成长起来的文化要素，并且用一种逻辑更加清晰，而且能够落实到直观行为的方式呈现，形成京东价值观的具体行为指南。

在隆雨的推动下，人力资源部制定了"京东HR五年战略"。在战略基础上，通过公司愿景和使命的变化、价值观的收集和筛选、制定价值观框架、收集行为、轮训与行为落地这五个阶段，来具体落实和完善，最终实现从"企业文化1.0版"到"京东文化2.0版"的提炼。

在这个过程中，HR组织了有关价值观的高管工作坊，主旨聚焦在到底如何确定新版价值观的具体内容和框架。京东高管们踊跃参与，当时对于"激情"和"效率"的争论十分激烈。有人认为组织大了，需要强调组织有效性；有人则认为"激情"很重要，因为那是一种原动力。反对者认为"激情"对应的是创业型公司，对小型企业比较重要，而"效率"对应的是成熟公司，更适合现在的京东。

刘强东一直就做一名纯粹的观摩者，隆雨规定他尽量不要说话，要他"学会倾听"。听完各方的论点，刘强东将自己的一票投给了"激情"，因为他坚决认为企业缺乏了激情就失去了活力。

几个月后，新版的京东使命、远景和价值观也最终诞生——"一个中心，四个基本点"，即客户为先，诚信、团队、创新、激情。新的价值观不仅符合刘强东的主张，而且更为具体，契合京东需要的京东人精神。

可见激情对于企业来说是至关重要的，缺乏了激情的企业将失去底层的活力。我写过的这个京东文化案例曾经拿过最佳案例奖，因为这中间从老板文化升级到京东企业文化的经验特别值得企业借鉴。

执勇气之剑开辟革新道路

> 虽万千人逆之，吾往矣。
>
> ——《孟子》

瀑布勇往直前，无畏地冲破阻碍。领导者应该具备勇气，敢于面对挑战和风险，不畏艰难，带领团队勇往直前，迎接变革和创新。领导者需要不断进取，在机会来临时，敢于把自身逼入极限，正面迎击困难和挑战。

在面临种种危机时，哪怕咬紧后槽牙也要为自己鼓气，拿出狭路相逢勇者胜的精神，带领团队走向变革。因为只有在变化中，才能产生新的机会，也才会出现真正的创造。

1. 机会来临时要勇往直前

机遇并不是会常常出现的，一旦机遇来临，需要勇敢地承担并果断抓住它，就像瀑布一样，迅速、有力，而且不间断。每一次新的机遇，都意味着新的事物和新的可能性，无论是新的工作职位、新的工作环境，还是一个新的项目，只有躬身入局才能够知道水的深浅。

也只有去做了才知道结果会怎样，因此领导者不要给自己设限，只有通过不断地尝试，才能够积累起足够多的经验。也许许多潜在的价值还有待发掘，但毫无疑问的是，很多经历最后都会内化成宝贵的财富，帮助领导者更好地把握未来。

2010 年，李晓虹加入博世中国，担任人力资源副总裁。两年多后，集团董事会成员找到她，问她要不要去位于德国斯图加特施瓦本地区的集团总部负责博世全球人力资源的管理工作，因为当时的负责人即将退休。

而李晓虹当时的第一反应是不想去。当时博世中国已有近 4 万名员工，近 400 亿元人民币营业额，还有很多人力资源的建设未落实。况且，李晓虹已经和团队开启了 HR Lab（人力资源创新产品实验室），准备大干一场。她知道有其他人对这个德国总部的岗位感兴趣，便给董事们推荐了另外两个人。

但几个月后，总部的人再次找到她。当时李晓虹的上司跟她说，"你不应该对机会第二次说'不'"。更触动她的是，她了解到她将会成为在总部向集团董事直接汇报的唯一一名非德籍高管，而成为 Glocal Leader（本土经理承担和承接全球职责）一直是李晓虹坚定的追求之一，于是她毅然决然地踏上了旅程。

李晓虹认为中国人应该更多地出现在全球管理者队伍中，"不只是博世，很多世界 500 强企业的高层领导者绝大多数都是本国人，其中美国企业只有6%的高管不是美国籍，但是这个比例里印度籍的领导居多。而欧洲企业的外籍高管更少，只有2%。但是平均来看，这些企业的业务有将近三分之一是在中国，中国市场所带来的利润占比更高。我非常相信我们有这个潜力，去承担更高的管理责任"。

她决定勇敢地跨出这一步。2015 年，她调到位于德国斯图加特格尔林根的全球总部，成为当时在总部向集团董事直接汇报的唯一一名非德籍高管。在德国任职期间，李晓虹负责集团的全球人力资源开发和管理工作。

在这里，她为总部带来一系列变化，也见证了博世孵化平台的诞生。李晓红是我见过中国企业高管里特别有国际视野、丰富阅历，且阅人无数，最具有商业思维的人力资源总裁。

不仅是在职业发展的道路上需要勇气，在企业走向国际化的道路上，也需要跨出第一步的勇气。森马服饰的总经理徐波，在大约十年前，就敏锐地察觉到了国际化的趋势，从 2017 年开始布局国际业务。

徐波说："关于森马在海外的发展，如何更好地走出标准化道路，我是有长期思考的。虽然业务规模不是很大，2024 年预计达到 3 个亿左右，但是我们是从健康可持续的角度去出海。比起大规模化地做国际业务，我们当前的海外业务，是可以产生利润的。"

目前，森马在印度尼西亚有 7 个零售店，在新加坡、越南等东南亚地区都有门店。在徐波看来森马出海的理想形态，并非走制造型的路线，而是要构建国际化品牌。同时，在出海过程中要搭建好专门面向国际市场的组织与业务平台，发展好国际品牌与国际客户合作共赢的关系，做好跨文化沟通交流与共创，同时更强调柔性变通。

同样地，思锐物流总裁吕翠峰在 2010 年第一次走进非洲，开启了在非洲建立"物流王国"的旅程。短短十几年，她运营了非洲 30 多个国家的海外项目，也因此在业内获得了"非洲女王"的称号。

吕翠峰认为，非洲在过去几十年当中，一直在扮演联合国发展援助的这样一个角色，但是在过去 10 年中有了很大的变化，这个变化就是非洲慢慢开始融入全球经济一体化的组成部分，这跟中国的牵引、中国的带动是分不开的。

虽然地理距离很遥远，但是供应链它没有那么遥远，如你的供应链可以在海上漂一个月，或者可以连续漂两个月，所以中非合作，其实为全球化或整个中非的经济一体化，提供了很好的现实写照。

"我一直说 2023 年可能是中国出海的元年，这是我个人的观点。"吕翠峰说，"那么到了 2024 年，你会看到出海已经成为中国企业的必选项。应该说这一次出海，是中国企业走向全球化，走向国际化的一场轰轰烈烈的行动，我觉得这也是中国企业让自己变成一个全球化企业的契机。"

2．在旋涡中蓄势待发

当环境需要展示力量时，领导者应英勇地释放巨大的能量，扫除水坝，夷平山丘，甚至磨掉石头。不论是外部因素还是内部因素，在危机已经出现时，领导者应当快速调整状态，担负起自身责任，认真思考是否有积极的解决方案，可以安全渡过危机或者转危为安。

如果危机是由于内部管理或者是市场竞争造成的，则要全力以赴地应变，在做好自己的同时，适当寻求他人的帮助与支持。在行动上，领导者要专注到当下的每一个工作细节中，再微小的改变，不断积累起来，也能够带来可观的改变。

如果危机是由于系统性原因造成的，那么在不可避免的情况下，要思考怎样将危机的伤害降到最低。

受宏观经济下行以及前期调控政策对市场传导作用的滞后显现等因素影响，国内房地产市场环境继续下行。房地产行业走出高增长时代，"黑马"创造的规模奇迹难以复制，如何保持长期、平稳的增长，是当下房地产企业普遍关注的课题。

在旭辉发展的前 20 年中，旭辉把握机会，历经多次重要的发展节点，一路从小到大，从弱变强。但进入 2021 年，由于新冠疫情反复来袭，"三道红线"和房地产贷款"两集中"等调控新政密集出台，房地产市场经历了近 10 年中波动最大的一年，整个房地产行业进入变革期，旭辉也承压前行。

到 2022 年，旭辉实现销售金额约人民币 1240 亿元，同比下降接近 50%，并出现上市以来首次亏损。创始人林中坦言"2022年是我从事房地产业 30 多年来最艰难的一年"。

这一时期，林中也在利用过去和现在的经验来阐释和重申旭辉的韧性，巩固大家穿越行业周期的信心。旭辉要"蹲下去、活下去、站起来"！"蹲下来"不意味着消极，是用时间换空间解决现金流的压力。为了适应新的发展阶段和发展战略，旭辉发起架构精简、人员缩编、投资节流和运营放慢等管理和业务上的调整。

以人力资源管理为例，旭辉避免做出短期的裁员或降薪，而是以这次危机为契机，借助行业调整重构了旭辉未来长期的组织和人力资源"底座"，包括变革收缩组织管理架构、回归以岗位为中心的职级职位和薪酬体系，以及培养复合型人才导向的人才标准。

旭辉还掀起了内部创业行动，基于原有的设计资源、科技资源和管理资源等孵化创业平台，积极开拓一切可能的机会。旭辉在危机面前积极自救，严控风险，通过组织架构调整、出售资产等举措降本增效，同时竭尽全力"保交付""保品质"，加速旭辉危机后的恢复，进入健康发展和良性循环。曾经是万马奔腾式的发展，旭辉在瀑布的旋涡中依旧蓄势待发。

瀑布般的领导力，既有蓄水的部分，也有充满力量和爆发的部分，这二者之间的落差，形成了瀑布的雄浑壮阔。拥有激情和活力的企业，便也拥有了瀑布一样的推动力，通过领导者对员工的不断赋能，可以很好地实现静则积淀、动则在奔腾之间融合。

激发团队的无限潜能

你真正的凯旋，在于你不断地毁坏你的凯旋门。

——阿多尼斯

瀑布的水势汹涌，有着强大的动力，其壮丽景象常常能给人启示和鼓舞，代表领导者应该具备激发他人潜能和引导他们成长的能力。领导者应该成为他人的榜样，通过自己的行为和表现，激励和鼓舞团队成员追求卓越，推动团队朝着共同目标迈进。

瀑布有时必须转移它们的力量，以便所有需要它们的人，能够得到它们的生命之水的滋养。对团队潜力的激发不是一蹴而就的，而是持续不断的，领导者作为团队的榜样，首先要不断挖掘自身潜力，展现出勇于探索的精神。每个人都有成长进化的本能，要鼓励员工发挥个性和创造力，不要过多地约束和限制，要知道很多创新点都出现在偶然之间。

1. 言语激励为团队注入能量

一个人在成功之前，首先要相信自己能成功。作为领导者，更要做好对团队在信心上的赋能。尤其是在事态发展尚未明朗时，是否相信自己，也决定着团队在面对挑战时，会选择勇往直前，还是踟蹰不前。领导者要学会激励和激发他人的潜能，主动了解团队成员的需求和动机，并赋予他们责任和权力，且及时给予积极的反馈和认可，以激励团队成员做出更好的表现。

积极的反馈形式是多样化的，可以是一句温情的话语，或者是关切的举动，以及重要关头的提携，都能让员工更加忠心。在日常工作中发掘员工的闪光点，并且不吝赞美，可以赋予其积极向上的力量。而在员工犯错时，也可以表现出宽容，给其改正的机会，也会让员工更加自律、自强。当员工陷入自我怀疑，觉得自己没有办法达成工作目标时，要为其注入勇气，告诉他们"你能行"，并且提供所需的支持。

稻盛和夫就曾谈到，在成就新事业的道路上，势必会遭遇各种各样的困难，如果不相信自己"一定能行"，那一切都无从谈起。因此，不要考虑各种现实障碍，而应该以超乐观的态度构想愿景。

在京瓷刚成立时，只是在日本京都租借了一间木结构的房屋，员工数量不足百人。稻盛和夫一再强调："我们要将京瓷打造成西京原町第一的企业；成为西京原町第一之后，我们要瞄准中京区第一，然后是京都第一；实现京都第一后，我们就要成为日本第一；一旦成为日本第一，当然就要迈向世界第一。"

这在当时似乎是一个遥不可及的梦想。然而，为了成为世界第一的企业，企业的领导人和员工们需要思考如何行动，从思维方式到工作方法，都需要明确并确立企业运营的哲学。

不同的企业目标需要不同的哲学和思维方式，就像攀登不同的山峰一样。"树立高目标""持续付出，不亚于任何人的努力""把自己逼入绝境""极度认真地生活"等，这些思维方式和人生态度，在稻盛和夫的哲学名句中随处可见。

隆雨在进行京东的人才体系整顿时，除了人才的招聘，也会注重培养优秀的领导人才，并引导和支持他们在公司内部担任更重要的职位。她注意到，在京东上市前，京东创业团队中的高管陈生强在与刘强东的密切合作中表现出色，非常有战略高度和思维，在她的支持下，最终陈生强出任京东金融子集团 CEO。

陈生强和其他非常多的男性高管都会直呼隆雨"姐"，因为就像姐姐一样，她关心着他们的成长和在京东平台上的事业发展。"作为首席人才官，我有义务把合适的人安排在合适的岗位上，充分发挥他们的优势"隆雨说道。

京东在纳斯达克上市之前，隆雨就曾找过当时担任集团 CFO 的陈生强（后出任京东金融子集团 CEO）并直接告诉他，"你有巨大的潜力，很适合做 CEO"。

她知道，陈生强所具有的行业洞察力和战略眼光对京东金融 CEO 这个岗位来说是无价的，并且他一定可以让公司这块独角兽业务发展得更好。的确，后来京东金融在他的带领下蒸蒸日上。

对每一位新加入的高管，隆雨更会提供同样的建议和指导。"在他们没有真正上马之前，我不会轻易放手"，隆雨说道。虽然这和刘强东更喜欢让新人自己学习的风格不同，但她知道对于京东庞大的组织，这种方式可以有效减少摩擦，引导新人适应新的角色。大多数人眼中看到的是他人当前的样子，而柔性领导者却能洞悉人们的潜力。她不为当前的问题和局限性所惑，而是以成长型思维赋能他人发掘自身的潜力。

2. 通过团队教练激发团队斗志

企业整体环境的正向循环，离不开企业文化的打造，伟大的愿景可以塑造出伟大的企业，这也是更为长久和更为深层次的激励。同时，目标的设置不能是假大空的，而是要有切实的可实现路径。

领导者要带领团队不断思考，找出实现团队愿景的方法，并悉心听取员工意见，让共同目标的设置真正体现出集体意志。当员工知道自己想要在什么样的企业中工作时，就会有做出积极行为的动机。优秀的领导者，能够把企业的目标与员工的个人发展相挂钩，激发团队的斗志，增强团队的行动力。

博世中国智能制造解决方案事业部副总裁韩冬丽，积极学习并在工作场景中实践教练的理念及工具，且在多个场合表达了她个人以及所在的事业部因实践教练型领导力和打造"教练文化"而获得的成长和发展。2020 年上半年在面临全球疫情的情境下，韩冬丽曾经通过探索"团队教练"项目，帮助团队拾回信心，成为当年同一事业部全球九个地区板块中唯一盈利的地区。她也受邀向其他事业部推广教练相关经验。

韩冬丽说："疫情之下，我们其实可以'躺平'，因为我们有很好的理由，全球所有的地区都面临着同样的情况，大家都说今年要亏损，即使我们盈利为负，老板也不会说什么。有一天，突然有一个声音问我'你希望你的命运掌握在别人手中，还是要掌握在你的手中？你要被动地等待客户来投资吗？当这个事情不是由你来决定的时候，你该怎么办呢？'我开始反思我做这份工作的意义，意识到我除了为客户创造价值，还应该为我的员工创造价值，让他们有一个安定的、幸福的生活。我希望这个公司是可以长长久久的，热爱这份工作的员工能够继续在这个行业热爱下去，而不是为了求生存。"

韩冬丽回忆起自己做决策的历程。在自我审视之后，她找了自己的核心管理层，开了数次员工会议，她向员工们有力发问，"你希望谁来掌控自己的命运，掌控公司的命运……"渐渐地，那些自主性得到激发的员工开始尝试各种办法去接触客户，如做研发的人主动提出要到一线去开拓等。

团队教练课程设计的目的是实现业务和团队的双赢，即帮助团队提升状态和敬业度，并探索出新的业务机会。通过对13个业务部门的调研，163份调研问卷显示，经过这个团队教练培训项目之后，团队的能量水平（能量水平为团队成员主观对自己当下精力水平的认知，满分为 5 分），也从此前的 3.69 分提升到 4.37 分。2020 年底，韩冬丽所在的事业部成为所在板块唯一盈利的组织。

而且，随着探索的深入，团队教练有了更多的应用场景，如教练一个团队以怎样的方式相处、如何设定共同的目标，是否对共同的目标有清晰的认知等。韩冬丽介绍了她所在事业部的实践："直接应用到业务场景就是团队教练。我们现在基本上每一个项目开盘都会做一次团队教练，做大型工作坊的时候也会通过团队教练来做"。

她深信员工的潜能是可以被激发的，"你按一个人现在的样子对待他，他将会保持他现在的样子。如果你按他可能成为和应该成为的那个人对待他，他将会成为他可能和应该成为的那个人"。

很多时候，当对一个问题没有抓住要害时，那么会事倍功半；而能够有目标的话，则可以事半功倍。在管理过程中，也需要把握住人的重要关键点，把事态进行扭转，并赋能所有的人去解决问题。韩冬丽所秉持的教练文化在于，人生没有成功与失败，只有得到和学到，要用小步快跑的方式，让团队有更多的勇气和热情去不断创新。

韩冬丽说："团队教练不能揠苗助长，可以去提供良好的环境，并持续观察、反思，但到底什么时候开花、结果，则是由团队成员的内在所决定的。虽然说团队教练是一件需要耐心的事，但只要很相信、很有意愿去创造企业愿景，那么其实团队也是可以快速生长的。"

3. 构筑身份认同感引爆团队

员工对于自己在所处企业中的身份感知，可以显著影响到团队潜能的激发。当员工对企业有强烈的身份认同感时，他们会更加投入工作，更加愿意为企业的成功贡献自己的力量。

构筑身份认同感的方式有很多，包括统一的身份标识，以及与身份相匹配的待遇等。但其中的内核是一致的，都体现出对于员工心情情感的重视，以及福利待遇的关注。只有让员工感受到自己与企业息息相关，才能提升他们的参与感，最大限度地引爆团队能量。

方太于 2010 年 5 月正式施行身股制。所有在公司工作满两年的方太员工，自动成为身股制激励的对象，根据拥有的身股数按比例享有方太集团利润的分红。2012 年，方太进一步将身股分配比例，从集团总利润的 5% 提升到 6%。身股制规定每位员工享有一定数量的额定身股数和分红身股数。

方太用身股制保障了员工的利益与企业的发展相一致，因此，身股制受到了新老员工的一致认可。在方太工作 11 年有余的客户体验部经理曾庆虹分享道："身股制让我有归属感和认同感，并且让我有了与公司共进退的感觉，每当身股分红时，我都会去关注每股的价值，并且会自主地去思考，公司今年经营如何。"

她解释道，身股制还起到了一种战略牵引的作用，让不同部门形成事业共同体。每当销售增加时，客户服务的工作量也会显著增加，但每个人都忙得很快乐，而一旦工作量减少，她们也会感受到销售上存在的压力。

品牌部的刘志豪刚加入方太不久，还未正式享有身股，但他仍然表示方太的身股制，跟他之前在互联网初创企业中，被承诺的上市分红完全不同，"身股不是在给员工'画大饼'，而是实打实的、给愿意长期在方太奋斗的人的福利和照顾"。

由动入静，放下也需要勇气

瀑布从高处垂直落下，展现出坚定和决心的特质，而在势能爆发之后，瀑布的水流汇聚成潭，呈现出一种静态与平和。

1. 急流勇退也需要勇气

领导者要敢于面对挑战和风险，勇于采取行动，培养自信心，不畏艰难，学会从失败中汲取经验教训，不断尝试创新的方法和思维。当面对危机时，除了去弄清楚危机发生的原因，更重要的是面对危机与解决危机，而在必要的时候，领导者也应当具有急流勇退的勇气。

2021 年，在全国"双减"政策的号召下，俞敏洪所创办的新东方一夜之间进入寒冬，不仅面临着大批量培训网店的关停，还有无数家长学生的课程预付款赔付，企业经营危在旦夕。

随后俞敏洪基于对发展方向的评估，选择了从教育行业抽身而退，进而转向直播带货领域发展，一时间也出现了很多不理解的声音。然后俞敏洪并没有留恋过往的荣光，顶住巨大的压力，坚定地迈向新的领域，从头开始为企业寻找生机。

得益于俞敏洪在创业初给新东方立的一个规矩，"不论新东方规模多大，账上的余额必须随时随地能把学生学费全部退完、所有员工的工资全部发完"，在这场风波中，新东方如数退还了学生的学费，解决了员工的工资发放问题，还将闲置下来的 8 万套课桌椅进行了捐赠，一时间网络上风评尤佳。

经此一役后，俞敏洪守信重诺的形象在群众心目中树立了起来，经过一番寒彻骨的挣扎转型，后面新东方转型直播赛道推出"东方甄选"，也因直播间一股清流般的直播方式，引发现象级的关注并取得爆炸式营收。其中也不乏有民众为其守信的企业家形象买单，领导者个人重视诺言的行为，也为企业带来了巨大的品牌红利。

2. 危机后的反超力

人人都会有遇到困境的时候，其实所谓的困难都是相对能力而言的，当能力提升之后，原先的所谓困难也将不再是难题。有时候不逼自己一把，都不知道自己有多优秀，优秀者与普通人的差别，往往就在于危急关头能否再撑一把，强大的意志力可以带领领导者通过考验。

2021 年的教师节，俞敏洪发了一条朋友圈，心系那些在行业寒冬下失业的老师们，于是决定再次创业，为老师们解决就业问题，于是转型做助农直播，"东方甄选"随之上线。

最初，这一决策并不被人看好，上线第二天，新东方股价就跳水 21%。在俞敏洪的初心里，"就是为了给找不到工作的老师找个活干"，但从老师转型做主播带货谈何容易，许多原新东方老师们，感到十分艰难与心酸，董宇辉就是其中一员。

在最初半年里，东方甄选直播间的人数寥寥无几，经常只有主播的亲友前来捧场。董宇辉曾经感到无比沮丧，甚至准备离职，除直播销量不畅之外，董宇辉甚至还被人身攻击。

但痛定思痛，他觉得卖农产品可以更好地助农，因此也是很有意义的，于是他对自己说："是时候在自己的人生中去实践、战胜自己。敢于从困境中站起来，继续往前走，迈出的下一步就是新生。"

经过不断地努力和继续耕耘直播间，董宇辉的博才多学被更多人看到，他的文学底蕴和智慧，以及直播时的妙语连珠，堪称直播间的"一股清流"。2022年6月，董宇辉迎来了现象级的爆红，并跃升为直播行业的顶流，东方甄选的影响力，也随之获得了指数级提升。

现如今，"与辉同行"早已成为人们耳熟能详的品牌，而董宇辉的经历，也正验证了厚积薄发的力量。有时候危机也是助推器，逼自己一把，会发现更大的天地。同时，所有的成功都来源于日积月累的坚持，要相信功不可没。

1. 赋能他人

赋能意味着帮助别人建立自我效能、自我抉择、自我控制、意义感和信赖感。领导者可以参考以下行为准则，练习更好地赋能他人。

（1）增强他人掌握经验的能力，通过：

● 分解大任务并帮助其一次做一部分；

● 在完成大任务之前让其参与简单任务；

● 凸显并庆贺他人的小胜利。

（2）成功树立你期望行为的模式，通过：

● 展示成功的任务完成；

● 协助与堪称楷模的人的交往；

● 与人建立导师关系。

（3）为他人提供所需支持，通过：

● 在他们表现良好时表扬、鼓励、表达赞许和确认他人；

● 给员工、家人或同事写信或便条，表扬引人注意的成绩；

● 为人们提供经常性的反馈。

（4）激发他人积极的情感，通过：

● 凸显员工个人重要价值观与组织目标的共同相容性；

● 明确结果对最终用户的影响；

● 增强在工作中的游戏特性；

● 帮助团队小组成员互帮互教。

2. 建立信任关系

领导者和员工之间的八种类型的信任关系的使用，包括：

（1）对于直言不讳者，领导者需要信任其反映出来的真实情况，从心理上用更具包容性和接纳性的角度去倾听和判断，从更加有建设性的角度去吸取和采纳。

（2）对于刚正不阿者，领导者可以在面临棘手的伦理困境或者管理难题时，去征询他们的意见，让他们在员工中形成标杆效应。

（3）对于忠诚支持者，可以和他们一起工作，在需要心理支持时，增加内心的信任感和坚定信念。

（4）对于明星专家，可以在遇到某些具体问题或者专业难题需要解决时，寻求他们的意见，获得在专业领域中最专业的建议和解决方案。

（5）对于有效的打手，可以在必要的时候让他们为领导者解决一些很现实的问题，获得最终结果上的直接体现。

（6）对于啦啦队长，可以在情绪低落或士气低落的时候，找他们寻求情感的鼓励和精神鼓励的力量。

（7）对于信赖的伙伴，可以全方位地信赖，找他们解决重大问题和关键难题。

（8）对于一般支持者，可以在一般情况下让他们有效完成特定的任务。

第7章

雨水般的利他原则

每每提到雨水，总会让人联想到"随风潜入夜，润物细无声"的意境。仿佛总是在不经意之间，雨水便普惠性地滋润万物，为大地带来勃勃生机。而不论在什么样的境况下，雨水总会发挥自身的作用。春风和煦里的春雨贵如油，夏季酷暑中雨水带来丝丝清凉，秋意渐染时雨后带来清新的空气，以及冬季雨水化作白雪，有着瑞雪兆丰年的良好寓意。

雨水是天和地之间的连接，在大地需要雨水的时候，雨水总会从天而降，无私地给予，展现出利他主义与乐施精神。雨的状态可以是多样化的，如温柔、安静、愤怒、冰冷。但它始终是滋养的，也是温暖而令人安心的，无论它落在哪里都孕育着生命。

领导者应该向他人伸出援助之手，就像雨水滋养生命那样，向所有的自然界施以仁慈。例如，我在美国求学时的博士生导师，在我同他进行一些哲学思想的争辩时，他便会展现出如同雨水一般的包容。尤其是针对一些跨文化的观点，如为什么亚洲人的思维相比美国人而言会更加强调和谐，而非冲突或对立？其中，会涉及太极的阴阳和合，以及相辅相成的概念。在整个讨论的过程中，导师会给我如同雨水一般，非常滋润、包容，且不加判断的强烈感觉与力量。

雨水般利他原则，体现出领导力中的利他与奉献。善意的力量包括善待员工的 HR 理念，成全与造就他人；利他的经营思维，拥有敬天爱人的价值观，明白社会责任感是种使命；普惠式的仁爱之心，深度阐述使命是行动而不是口号，而感恩和回报也是一种境界。

善意的力量

善良的行为使人的灵魂变得高尚。

————卢梭

在数智化时代，自由职业者和"数字游民"文化盛行，这一现象背后体现出了当今的从业者对于工作自由度和自主性的追求。可以预见的是，在未来的职场环境中，职业种类和工作方式都会产生诸多变化，而唯一不变的是在工作过程中的人际交往关系。

谁能在工作沟通事务上拔得头筹，谁便更容易获得下属的支持，并在职业晋升和职场竞争中取得优势。只有真正能够共情员工的领导者，才最有可能获得大众的追随，否则即便处于优势地位，也容易被普通大众的力量击垮。

例如，在花西子79元眉笔事件中，李佳琦回怼网友"79元哪里贵了"，内涵"打工人"工作不努力所以购买不起，就遭受了舆论的反噬。数据显示，事件发生后，花西子抖音直播间成交额暴跌九成。这就是"水能载舟、亦能覆舟"的体现，当失去人心的时候，再厉害的品牌和个体都难逃倾颓之势，也印证了人心这一力量的可怕之处。

领导者需要帮助员工挖掘自身的职业前景，制定长远的职业规划，只有这样才能让员工把心思用在工作上。而很多时候领导者个人的工作态度，也是员工是否愿意卖力工作的参照系。建设健康的企业人文环境，能够让员工对企业文化更具认同感；打造共同的身份认知，也能够提升员工的归属感。

1. 善待员工的 HR 理念

员工是企业最宝贵的资源之一，他们的贡献和满意度直接关系到企业的成功和长期发展。当员工感受到企业的关怀和尊重时，他们更有可能对企业产生深厚的情感联系，更愿意长期留在企业，并为企业的发展贡献自己的力量。

米其林原大中华区人力资源负责人齐晓峰说："米其林的 HR 是母亲式的关心，无论是对待员工还是客户，都秉持着利他思维。"在米其林的管理哲学中，人力并非资源，而是需要被服务的对象，因此设立了"人事服务部门"（Service Personal，SP）。每位员工都是独一无二的，而 SP 部门要做的，就是找到他们最独特的点，发掘他们的潜能，匹配相应的岗位。

在 SP 部门，有一个单独的团队叫作职业生涯管理部，而能够担任职业生涯管理的人，首先要来自业务部门，如负责销售部门的职业生涯发展经理，自身一定也是要有销售经验的。只有了解其所服务的人，是在什么样的环境下工作，以及做什么样的事情，面对什么样的挑战的，才能够更好地提供人事服务。

职业生涯管理团队的人员，不仅需要参与所管理部门的战略发展规划，还要横贯员工的整个职业发展周期。因此，有时比业务部门的负责人所了解的工作面还要宽广。

米其林很注重员工的职业发展，并会通过职业生涯管理系统追踪其发展情况，这一点会让员工感受到，他们在企业里面，是有进步、有前途、有人关注的。米其林的企业大学，其课程和培养体系设置，不仅是培养员工当前岗位所需要的知识和能力，还会进行前瞻性的培训。

"在培训体系中，有些是为了提升你现有岗位所需要的能力，有些则是为了培养你成为未来的你"，齐晓峰表示。通过对人才培养的大量关注和投入，米其林的离职率很低，可见更长远、更人性化的人才管理方式，能够更好地构筑百年名企之基业。

企业中的柔性也包括体察员工的需求，如京东从 2012 年起，便推出了"安居计划"福利项目，提供无息贷款以支持员工购房，目前已帮助超过 2 千名员工购置了房产，在房价压力巨大的当下，可谓解了不少员工的燃眉之急。这一行为不仅体现了企业对员工的重视，也增加了员工的归属感，更是为企业获得了良好的社会声誉，取得了双赢的效果。

而无论是大的管理政策制定，还是管理细节中体现出的善意，只有领导者把员工放在心上，员工才会同样以真心回馈企业，很多时候柔性的管理会更加有成效，冷峻严苛式的管理模式已逐渐成为过去式。

2. 成全与造就他人

君子成人之美，不成人之恶，小人反是。

——孔子

如果回归到每一位领导者的起点，想必都离不开前辈们的指导。而回看每一次成功的背后，也一定离不开下属们的合力托举。因此，每一位领导者，都应当怀有一颗感恩的心，就如同他人帮助自己一般，去回馈和造就他人。这里蕴含着一种母性的精神，那就是奉献自己，去供养和哺育他人，也是利他的一种具体表现。

提到造就他人，我会想到玫琳凯的创业故事，他们帮助了很多中国二三线城市的女性获得了事业的成长。有一次，我参加了玫琳凯的年会，会议给人的感觉十分接地气，内容围绕着化妆品、美丽、自信，鼓励女性追求事业的成功。

那次年会上，有很多成功的女性，邀请了自己的丈夫、孩子做分享，她们不仅做到了事业的成功，也更好地改善了家庭环境。而她们的家人，也以自己的太太、妈妈为傲，并感谢玫琳凯所给予的平台。而成全和造就他人的信念，也造就了这家企业的成功。

玫琳凯女士一直鼓励"乐施精神"。她说："如果我有一个点子，你也有一个点子，我们互相分享，大家就有了两个点子。但是如果我们不把自己的点子告诉别人，我们每个人就只有一个点子。鉴于这个理念，我们应该树立了分享和乐施精神。"

乐施精神不仅能够激发员工的积极性和创造力，还能让员工感受到企业的关怀和支持。当员工看到企业积极履行社会责任，为社会积极做出贡献时，他们也会产生强烈的归属感和自豪感，从而更加努力地工作。最终，这种凝聚力和归属感能够增强企业的凝聚力和向心力，提高员工的工作效率和满意度。

同时，奉行这一信条对于取得持续成功是尤为重要的，如果树立了这样的观念，那么每个人都将乐意在团队中工作、贡献，把个人事业与企业发展结为整体，哪怕是对于那些超出本职的任务，也乐于承担。

"玫琳凯人"一直坚持"你们愿意人怎样待你们，你们也要怎样待人"的黄金法则，因为只有当你丰富了别人的生活，你的生活才能真正地丰富。你所给别人的一切都会得到回报。如果你给别人最好的，那么你最终也会得到最好的回报。

玫琳凯的"乐施精神"的这一理念，与中国的传统价值观中的"仁爱"相契合，"仁"的核心思想是以人为本，体现了对他人的关爱和责任感。正是因为"丰富女性人生"的信念，玫琳凯企业使命的履行结果也是好得出乎意料，数以万计的女性在玫琳凯的激励与资助下，提升了自尊与自信，并将自己的梦想逐一实现。

玫琳凯于 2008 年在全球范围内正式提出"玫好家园"（Pink Changing Lives）理念，旨在改变世界妇女和儿童的生活。2021 年启动了题为"丰富当前生活，实现可持续未来"的 10 年期可持续发展战略，以期在 2030 年前赋能全球 500 万名女性。

利他的经营思维

社会犹如一条船，每个人都要有掌舵的准备。

——易卜生

企业从不是孤立地存在，而是与社会有着千丝万缕的联系，并作为社会组织中的一员，在受到各界支持的同时，反哺自身所处的环境。正如同企业家们经常会提及的"同乡桑梓情"，社会、国家以及大自然，也构成了一个大家庭，需要社会成员共同关心与爱护。所以利他之心还得体现在方方面面。

1. 敬天爱人的价值观

说到"利他思维"的经营理念，必定会想到日本伟大企业家稻盛和夫。几年前访问日本时，我就曾经拜访京瓷（Kyocera），并听了京瓷稻盛和夫先生的演讲。当时 83 岁高龄的他，刚从日本飞来，下了飞机就直接奔会场，给台下几百名企业家，介绍了他的企业经营理念"敬天爱人"。

稻盛和夫先生年轻时学习成绩一般，后来在一个陶瓷厂工作，工厂快倒闭时，和他一起去的 4 个大学生都辞职了，只有他留了下来。他吃住都在实验室，不断钻研，终于发明了世界领先的精密陶瓷，从此改变了命运。1959 年 27 岁时，他以自己开发的精密陶瓷技术为基础，创立了京瓷株式会社。当时没有足够的资金和经营的经验，只有 7 位同志的决心。

在创业前，7 人就写了一份决心书，明确了设立公司的意义："我们团结一心，为社会为世人做贡献。同志聚集，歃血明志。"按上血印，做了宣誓。就这样从街道工厂开始，一路高速发展，现在的京瓷销售规模已超过了 1 万 5000 亿日元。稻盛先生认为，之所以有今天这样的成就，是因为京瓷一开始就具备了一种纯粹的崇高的理想。

52 岁，他又创办了第二电信（KDDI），这是仅次于日本电报电话公司（NTT）的日本第二大通信公司。当时因为 NTT 的垄断，通信费用居高不下，为了打破垄断，必须有新企业参与竞争，通过正当的竞争把通信费用降下来。他说他当时虽然有强烈的愿望，但并没有立刻就参与竞争。

之后的半年，他反复扪心自问：自己"动机善吗？私心无吗？"他要确认自己不是私心所推，而是出于"为社会尽力"的纯粹动机。1984 年他决定创立了 KDDI。正是基于这种纯粹利他之心及奋不顾身拼命的努力，现在他创建的这两家企业都已经是世界500 强。

更为人津津乐道的是他在 2009 年 78 岁的高龄时，力挽狂澜，把已经宣告破产的日航复活拯救过来。2009 年，正当他潜心佛学、安度晚年之际，日本航空公司负债 1.5235 万亿日元宣告破产。

日本航空公司不仅是世界第三大航空公司，更是日本的"翅膀"。时任首相的鸠山由纪夫三顾茅庐，亲自邀请稻盛和夫出山，担任这家破产公司的董事长。他开始是非常不情愿的，但是后来答应了。

他说当时之所以会答应是考虑日航的破产会影响日本的经济和形象，他担心会有许多人因此而失业。以 78 岁高龄上阵，几乎所有人都为他捏了一把冷汗，怕他晚节不保。他答应出山后，只提了两个条件：不拿一分钱，不带一个人，因为自己根本不懂航空业，但只为"敬天爱人"。

稻盛先生分享了人生的三大经历：发明，开创，挽救。人生能做其中一件事已经是非常了不起，他却做了三件。他总结了经验，说在企业用人：人格第一，勇气第二，能力第三。

热爱是点燃工作激情的火把，无论什么工作，只要全力以赴去做就能产生很大的成就感和自信心，而且会自然而然地向下一个目标挑战。成功的人往往都是那些内心有激情，且沉醉于自己所做的事的人，更重要的是要拥有纯粹的理想——敬天爱人！他的这个故事一直激励着我。

2. 社会责任感是种使命

有时，雨只是一场小雨，但有时它倾泻而下，成为一股不可阻挡的洪流，改变了它所落下的大地。通过利他思维，企业不仅会更加关注员工的需求和福利，从而增强员工的归属感和忠诚度；也会更加关注社会的需求和问题，通过自身的努力为社会做出贡献，进而促进企业与员工、社会的和谐关系。

我认识君婷是在一个论坛上。她外表娴淑，说话温柔，大约 30 岁出头，如果只看外表，很难想象她是一家钢铁企业的董事长。钢铁，董事长，听起来都很沉重，却压在这小女子身上，但她好像身轻如燕。

她的父亲是当年唐山大地震的遗孤，那时他才 8 岁，躲在母亲的臂弯中逃过一劫。在 2008 年，汶川地震时，君婷的父母决定捐三千万元，后来又再追加七千万元，只为了要给当地的孩子建造震不垮的学校。因为作为唐山大地震的遗孤，他们知道什么是废墟里的绝望，也更希望带给绝望的人希望。

作为荣程钢铁集团的二代、董事和副总裁，张君婷 8 岁起就随父母参与公益慈善，耳濡目染之下，她也积极投身于慈善事业，热心公益。父亲意外离世后，2016 年远嫁韩国的张君婷决定回国，开始协助母亲管理家族企业的事务。2019 年，张君婷在而立之年正式接任荣程钢铁集团董事长，从忐忑到坦然，一路走来，张君婷也一直在成长。

自从 8 岁随父母共同参与公益慈善，参与实践公益活动，张君婷一直很热心于公益事业。她与父母共同成立生命之树基金会，大学毕业后携国际留学生进入贫困地区支教，与加拿大不列颠哥伦比亚大学（University of British Columbia，UBC）共同支持非洲社会企业家计划，帮助青年创业者创业。慈善带给她的是使命感和价值观的建立，以"利他"的理念去在生活中不断地去为他人考虑。

疫情期间，她决定捐出一个亿，第一时间为武汉火神山医院和雷神山医院建设供应钢材，并第一时间启动全球采购，和公司300多名志愿者远程工作，忙于物资筹备、物流安排、法务等各项工作。当物资抵达抗疫一线的时候，大家都激动不已。说到疫情期间发生的点点滴滴，我听见君婷激动的语调和铿锵有力的声音，她那份发自内心的责任感是无以言喻的。

谈到积极投身公益和慈善事业的出发点，张君婷说："从个人到家庭到企业，如果没有稳定的社会环境，我们是不可以去发展的。这都需要一个稳定的社会、营商环境。一个人如果有能力哪怕做一点点事情，都在为社会做贡献，当所有人都在为一个共同的目标做努力的时候，才会有真的改变。"

在她看来，企业的传承不仅是创造经济价值，还要在经济发展的基础上，履行社会价值和意义。她希望通过慈善事业的进一步开展，可以帮助更多人对良知、善意、爱心、道德、人性有更高的自我认知。

"勿以恶小而为之，勿以善小而不为"，让更多年轻人加入我们队伍中，去帮助需要帮助的人，以及保护这个赋予我们生命的地球家园。"以钢铁般的意志，为社会和客户持续创造价值"，这是荣程钢铁集团企业文化的使命，做公益要为责任而生，为使命而活，为传承而前行。

普惠式的仁爱之心

> 人性才是这世上最重要的奢侈品，关心人才是最重要的时尚。
>
> ——蔡崇达

一场小雨如果下得够久，就能创造出伟大的生命，而水滴的力量比它们看起来更强大。想要在管理过程中，做到恰如其分的关怀，离不开领导者的一颗利他心，以及对他人的同理心。

领导者一般处于高位，便更加需要学会为他人着想，做到不以上位者自居，去体察和满足下属的切实需要。需要注意的是，领导者的关怀，不仅是一时兴起，或者有针对性地厚此薄彼，而应当是建立在可持续关怀体系上的，雨露均沾式的关怀。

1. 使命是行动不是口号

使命和愿景，作为企业存在的根本原因和追求的长期目标，不仅为企业提供了明确的方向和目标，也为企业的所有决策提供了依据和指引。通过有效地传达使命和愿景，可以确保所有员工、合作伙伴和利益相关者，都明确了解企业的目标和价值观，从而在工作中保持一致性，共同为实现企业的目标而努力。很多企业的使命愿景都是挂在墙上的，但方太集团是真正把它落在实处的。

我认识方太父子已经十几年了，并看着这家企业茁壮成长。前几年我去参加茅老先生的新书发行仪式，当80岁的茅理翔老先生走上台时，大家都站起来鼓掌。这个个子瘦小的老人，步子缓慢而稳定，话虽不多但字句铿锵，他让我想起一本书《人生下半场》（*Half Time*）。

如果说人生上半场看重的是得到、学习、获取，那么人生下半场则是放下、选择、栽种和浇灌。茅理翔经历人生起落，成功地把企业的棒子交给了儿子，并在2006年成立了家业长青学院，他希望在自己退休的晚年，能帮助更多的民营企业家，顺利地从一代交接到二代。新书发行仪式台下，坐着的好多人便是家业长青学院的学生，茅老不仅演好了人生上半场，更成功地演好了人生下半场。

茅忠群是个低调干实事的人，但他说自己和父亲还是很不一样的："许多一代企业家创业是为了赚钱。但我们二代，对钱不是太在乎，会更愿意按自己的想法做事，喜欢做一些有意义的事情。所以我从一开始，就想做高端品牌，当时在家电行业里'洋品牌'一统天下，我想我们中国的品牌，怎么也得做出一个高端品牌。企业家应该承担更多社会责任，如果纯粹是办一家普通的企业，我自己会没什么动力，也觉得没必要那么辛苦。但是如果能不停地找到更有意义和价值的事情，我就觉得每天上班很快乐。"

方太厨具作为国内口碑颇佳的厨具品牌，其品牌基因也来源于茅忠群对人生的理想和追求，有一份企业家的浪漫情怀。茅忠群觉得，解决"怎么样能够让顾客满意，让员工有收获，怎样全方位推行社会责任，而不是简单地做慈善公益"这些问题，是一件非常有意义的事情。

随着对中华优秀传统文化的深入学习，方太集团董事长兼总裁茅忠群以及方太员工的价值观，受到了潜移默化的影响。茅忠群认为中华优秀传统文化是一种哲学观，而哲学问题更多解决的是关于人的幸福的终极问题。

在 2018 年方太年会上，茅忠群提出了新的企业使命："为了亿万家庭的幸福"，并立下了四个大志：十年内助力一千万个家庭提升幸福感；十年内助力十万个企业家迈向伟大企业；2035 年左右实现千亿级的伟大企业；十年内与合作伙伴共建一万个幸福社区。

在茅忠群看来，方太不仅是经济组织，也是社会组织，需要承担更多的社会责任，积极导人向善，让顾客获得超越产品功能，上升到情感价值层面的幸福感受。因此，仅仅通过高品质的产品和服务"让顾客家的感觉更好"已经不能满足方太的目标。

新的使命是要让"亿万个家庭"享受健康环保有品位的生活，实现幸福圆满的人生，这里的家庭不仅指方太顾客的家庭，还包括方太员工的家庭、方太合作伙伴的家庭、方太大家庭、祖国大家庭，乃至人类大家庭。

2. 感恩和回报是一种境界

这几年，我在中国接触到许多中国企业家，见证了他们不断追赶和蜕变的过程。在新兴市场上，速度和改变几乎是企业的生存之道，很多企业家为了跟上市场节奏，有时甚至会不惜付出其他代价。因为他们没那么多时间去考虑和做决定，只能"边开火车边换轮胎"，毕竟只有变才是唯一不变的道理。

但在见到黄世伟先生的时候，我是完全不同的感觉。他是企业家的另一种境界，即"潮来潮涌，我却一如既往，初心依旧"。黄先生是住在新加坡的一位印尼企业家，在印尼他被誉为"食品之父虾片王"，有着典型印尼传统华人企业家的一股儒雅气质。

和许多早期的企业家一样，黄世伟出身家境贫寒，父亲在他24岁时突然中风，卧病在床。家中还有11个年幼的弟弟妹妹，黄世伟毅然与母亲共同承担起抚养、照顾这一大家子人的重任。在很多年后回忆起这段经历时，黄世伟对母亲的爱仍刻骨铭心，这对他的一生影响重大。

"仁德为重、品质为先、诚信为本、创新为优"是实嘉集团的企业文化，这 16 个字寄托着黄世伟对后代的期望，希望他们能够铭记历史、饮水思源、传承文化，将"从无到有、从有到强、自强不息"的精神发扬光大，进而一代更比一代强。黄世伟要求所有后代必须铭记企业文化和历史，并将它作为后代服务于实嘉集团的第一要求。

流着华人血液的黄世伟还积极投身于印尼与中国两国政府的和平交流。1985 年，中国和印尼恢复了两国中断近 20 年的直接贸易，黄世伟曾参与两国交流对话，遂被选入促进印尼与中国复交小组理事。

1995 年，黄世伟被任命为印尼与中国经济、社会、文化交流协会的顾问。2004 年，黄世伟在北京语言大学创建"世伟金融实验室"，并受聘为顾问教授，极大地促进了北京语言大学金融专业的蓬勃发展。

2008 年，得知汶川大地震之后，黄世伟立即拿出一笔捐款。国际奥林匹克运动会在北京举办期间，黄世伟作为海外华侨，倾力参与了"水立方"的捐建。2009 年，黄世伟受聘担任中国海外交流协会理事，继续为两国海外交流贡献才智与力量。

2014 年 3 月 29 日晚，波士顿大学管理学院在北京人民大会堂举行百年庆典晚宴上，时任波士顿大学校长的 Robert A.Brown 教授隆重宣布，黄世伟先生捐资创办"黄世伟全球经济道德学院"。黄世伟说从自己的人生经历来看，学校应该增加道德课程。

当时美国正经历了金融风暴的袭击，中国也面临着许多的商业贪腐问题。世界各个商学院也在反思商业道德问题，黄世伟的建议非常合时宜。于是已经安然享受退休生活的他，在犹豫了一年后，决定将这件事情当成是一份责任来推动。

"人无信不立，业无信难兴"，这股信念一直支持着黄世伟和他的家族企业。2015 年，黄世伟入选"100 位在世界舞台光耀中华形象的华商领袖"。

掌握三重底线思维

企业如果想要做到像雨水一般地滋润、利他，那么在做任何决策时，都要保持三重底线思维，并在企业运转中坚持利他的价值观。三重底线是一个商业概念，指的是企业除财务绩效之外，还应致力于衡量其社会和环境影响，而不是仅关注产生利润或标准的"底线"。

三重底线的"三个 P"，指的是经济（Profit）、社会（People）、环境（Planet）。具体来说，在资本主义经济中，企业的成功在很大程度上取决于其财务业绩，或其为股东创造的利润；随着企业越来越多地接受可持续发展，它们已将重点转向为所有受业务决策影响的利益相关者（包括客户、员工和社区成员）创造价值；同时，虽然企业历来是气候变化的最大贡献者，但它们也掌握着推动积极变革的关键。许多商界领袖现在认识到他们这样做的社会责任。

三重底线在本质上，并不以牺牲财务盈利能力为代价，来重视社会和环境影响。相反，许多企业通过致力于可持续的商业实践，获得了经济利益。除帮助企业利用不断增长的可持续产品市场之外，采用可持续商业战略对投资者也极具吸引力。虽然企业在内部使用三重底线，但环境、社会和治理（ESG）指标，是对这些程序的第三方衡量标准，使企业在财务利润之外，还对公众负责并关注更可持续的实践。

第 **8** 章

水滴般的坚韧原则

如果说用什么来描绘坚韧，那么水滴就再合适不过了。看似微不足道的水滴，却能够拥有"滴水穿石"的力量。那是因为在水滴看似柔弱的外表下，有着对于长远目标的坚守，以及对于当下的专注和聚焦。

在一次采访中，董杏丽说起当年她管理的 Fusion 研究项目，在当时这个项目就如同一块烫手山芋，其间换过很多总负责人，但是始终不见起色。她的心情曾经是非常沮丧的。2014 年，她挣扎着"是否要放弃"时，她爱上了长跑。这个过程给她带来一些启发，"一开始我可能觉得 5 公里都挺长的，但当我都跑下来以后，发现其实只要再坚持一下，就能跑 6 公里了……"

其实，这种做研究的过程，一直看不到结果的心情，我是非常能够感同身受的。如果没有多一点点信念，多一点点坚持，是非常容易放弃的。幸好后来她遇到了从法国来中国的老板 DG，董杏丽把整个项目的进展情况和未来走向向他再次讲述了一番。

基于当时中国团队的快速成长和进步，DG 认为中国团队是值得信赖的。在他的支持下，公司决定将项目放到中国来做。中国团队拿到主动权后，董杏丽带领团队对所有的东西重新进行整合。

最终，不负众望，团队又花了近两年的时间完成产品的研发，并推动产品顺利上市。这股韧劲，也为她的职业生涯加上一颗星星。所以为什么许多企业家和高管喜欢跑马拉松，除了健康理由，其实更多的是运动也影响着我们的思维和情绪，人生难道不是一场马拉松？

水滴石穿是一种长期主义的坚定和坚持，是相信许多事情需要坚持不懈，才能获取成功的价值观，也是由量变引发质变的过程。虽然滴水看起来很小，但它通过稳定的奉献和渗透，在某一个时间可能创造出重大的影响。

水滴的领导力原则，展现出了使命必达、持之以恒的精神：成功首先需要有一颗坚定的决心，在选择目标后就要聚焦行动坚定向前，努力争取之后再论成败，并坚持走过"第三天"；过程中既需要坚持减少摩擦的柔性管理哲学，建立柔性的矛盾协调机制，并善待不合格的员工，还要发挥水滴石穿这一坚韧精神，用长期的确定性应对短期的不确定性，用行者精神培养组织的韧性；最后，以柔克刚也是种内功，善用示弱的力量，学会做坚毅的弱者，成为那个能笑到最后的人。

企业的初心，往往与其核心价值观和使命紧密相连。在面临困境时，领导者需要坚守初心和长期追求的目标。这种坚定的价值观和使命感，不仅能够为企业提供精神支柱，更能够让员工在困难面前保持信心，与企业共同应对挑战。

成功需要一颗坚定的决心

> 锲而舍之，朽木不折；锲而不舍，金石可镂。
>
> ——《荀子》

我们经常会听到这样的故事，那就是当一个风口来临时，创业者们会一拥而上，然后当行业发展进入深水区，而另一个风口来临时，其中的很多创业者，又会迅速转到下一个风口上。

其实反复转换几轮方向下来，会发现摇摆不定才是最大的成本，反而是那些一直坚守在原先赛道上的创业者，最终历经考验收获了成功。当然，也要排除那些确实是最初方向不明，而后快速转型到正确赛道的企业。

创业和管理过程中，很多时候领导者都会产生孤立无援之感，此时只有内心有着坚定的意志力，才能够突破一个又一个瓶颈，带领团队持续前行。就像水滴的持之以恒，领导者也应该具备坚定的信念和决心，有清晰的目标和毅力，才能够带领团队克服困难，实现成功。

1. 确定目标后就要坚定向前

在工作过程中，我们都会遇到很多"不可能"，上司会认为你不够格，员工会告诉你做不到，甚至连身边最亲近的人，也会在结果尚未明朗时，婉言劝说让你放弃。

这种四面楚歌的状况，可以说每位领导者都不陌生，这时能够支撑自己继续走下去的力量，就是坚定地相信自己，以及相信自己要去的方向。企业最难的是去做困难而正确的事，如坚持不懈地创新。

这个道理几乎每家企业都知道，不创新，即灭亡，已经是一个不争的事实。但要坚持创新，需要有多少的投入和坚持？

外在的坚持来源于内在的笃定，这也是领导者内核力的体现。喊口号是很容易的，如果没有确立明确的目标，并培养坚定的决心去追求这些目标，创新也只是空谈而已。

我接触的许多企业，对创新的坚持一直是个无法跨越的坎。因为没有清晰的愿景和使命，不相信团队的能力，只想走捷径，赚快钱，那企业最终只能吃老本等待衰亡。

在创新这件事上面，我不得不说我还是挺佩服方太的茅忠群的。产品创新一直是方太业务发展的核心，而驱动不断创新的正是方太文化中的"创新三论"，即"创新的源泉是仁爱、创新的原则是有度、创新的目标是幸福"。

带着这样的初心和使命，方太在 2012 年组建了"H 项目"小组，开始了对饮水健康的探索。初涉净水领域时，正是净水器快速增长的时期，很多品牌通过贴牌、代工的模式迅速开发产品，抢占市场份额。

但方太拒绝跟风市面上成熟的净水技术，利用现有的品牌知名度赚钱，而是从顾客的角度思考，什么样的水才是适合人体的健康好水。项目组经过反复的研究探讨，确立了研发思路：滤除水中的重金属等有害物质，保留天然有益的矿物质。

然而，知易行难，方太在世界各国也未能找到好的净化技术企业达成技术合作。当时，茅忠群面对的是要不要继续开放的抉择，最终是做美善产品的初心，战胜了反对的声音。

"H 项目"在最开始的 2 年都处于摸索状态，项目里的研发人员都焦急不已，茅忠群却不急，反而安慰大家，让研发团队不要赶时间，慎重地做产品。2015 年底，项目组经过不懈地努力，终于找到了合适的高分子材料聚砜/聚醚砜，用于制作膜丝进行过滤。

但是，在技术转化为产品的过程中，项目组又遇到了困难，产品的预研汇报被打回来调整达 20 余次。茅忠群只提了几个问题："来方太是研究什么？真的研究透彻了吗？要做产品还是精品？"项目组沉下心来思考，重新考虑净水器应如何传递方太的初心，再用反复的测试去验证设计。

方太技术中心研发部的邓愿，在回忆起这段经历时谈道："我当时都怀疑人生了，近5年的时间，我这一个项目都没有做完。"这时，茅忠群察觉出了他们的低落，鼓励道："水的健康至关重要，不能有一丝疏忽，相关的参数和试验，必须要弄清楚。我都不着急，你们急什么呢？"

茅忠群的话启发了整个项目组，方太要做的不是通过净水器扩大业务、增加利润，而是通过创新给顾客打造一个精品，一种健康的生活方式。经过长达8年的反复磨炼，方太终于成功在净水机上应用了，拥有200多项国家专利技术的，其中，NSP膜色谱双效净水技术能在有效滤除水中重金属的同时，保留对人体有益的钙、镁等矿物质元素。

然而，这款净水机研发出来之后，并没有很快推向市场，而是被方太内部研发团队人员搬回家中试用。方太产品研发体系副总裁诸永定说："要抱着为亲人研发的心去做事，这个机器做出来，你敢让你家人第一个用，就过关了，不然还是要继续努力。"

经过反复试验确认后，方太这款在出水品质上，可以达到天然矿泉水标准的净水机正式上市，不同型号的定价在8000～12000元之间，为人们的健康幸福生活，提供了一个新的选项。

2．努力争取之后再论成败

强者永远会把人生掌握在自己手里，千方百计地去争取机会，而从不被动地等待机会来临，因为只有主动才有可能性，努力地争取是为了给自己更多的选择权。在管理过程中，涉及组织利益和个人利益的关口，要敢于亮剑大胆争取。

同时，对象的选择也很重要，只有找到关键的人物，才能够提高争取成功的可能性。此外，需要重视争取的时机，在合适的时机去开展行动，并且注意度的把握，也能够为后续事态的发展提供腾挪空间。

自 2019 年起，华为在技术与通信领域，成为美国打压和制裁的对象。其中，限制手机芯片的供应，曾一度被视为关乎华为存亡的挑战。原本可以搭载高通芯片的华为手机，现在只能使用 4G 网络，无法支持 5G。这一限制使得华为手机的销量一度下滑，市场份额也被竞争对手抢占。

然而，华为并没有放弃，而是加大了对自主研发芯片的投入。技术上的难关，既带给了华为压力，同时也是动力。任正非说道：经过四年的艰难攻坚，20 万名员工的拼搏奋斗，华为建立了属于自己的基础平台，但是与美国的平台互联互通。

随着华为"鸿蒙系统"的横空出世，不仅突破了美国在技术上的封锁线，也为华为的长期发展构筑了"生命线"。2022 年 11 月，鸿蒙系统的用户已达 3.2 亿位，市场份额占比 2%，仅次于安卓与 iOS，成为全球第三大操作系统。

2024 年，美国继续出台措施打压华为，撤销了本土芯片企业高通和英特尔公司向华为出售半导体的许可证。而面对美国的制裁和挑战，华为也展现出了坚定的决心和强大的应对能力。通过自主创新和积极应对，华为也验证了努力争取之后再论成败的真谛。

3. 坚持走过"第三天"

行百里者半九十，在管理中也是一样，没有到达终点之前，没有人可以预言结局是什么。有可能当我们觉得胜券在握时，半路杀出个程咬金，让前路变得扑朔迷离；也有可能看似山穷水尽之处，走下去又会发现峰回路转。

企业管理中尤其要有坚持走过"第三天"的精神，不论第一天、第二天如何黑暗，"第三天"也许就会迎来光明。当坚持到一定程度的时候，可能再多坚持一点点，就会取得成功，所以不要轻言放弃，走下去，也许胜利就在前方。

中国房地产行业发展历程中，2021 年是极为特殊的一年。历经了过去十余年"黄金年代"的跨越式增长之后，房地产企业积累的财富，似乎从 2021 年有"一夜归零"的趋势。

"从目前的情况看，未来几个月，旭辉的现金流将承受前所未有的挑战，公司走到了需要我们使出全力、上下一心、义无反顾拼搏的时刻。"在给旭辉员工的内部信上，林中直言旭辉将面临的严峻挑战。

但挑战对旭辉人而言从不陌生，旭辉每年都会组织一次走戈壁的活动，"走戈壁每次走到第三天，大部分员工便到了体力的临界点，这时候是最难的，为什么旭辉人能坚持下来？"

通过走戈壁，旭辉人逐渐体会到越艰难的时候越想放弃，但只要心中有坚定的信念，以及对理想、对初心的追求，就能完成使命。所以，在这紧要关头，林中在内部信中呼吁"再大的困难也压不倒我们……请继续相信旭辉，心怀信念，不忘初心，方得始终！"

在行业面临前所未有的挑战下，旭辉上下齐心、同舟共济的态度，充分表明了团队的凝聚力，更展现了其对公司长期发展的信心。

减少摩擦的柔性管理哲学

温柔要有，但不是妥协。

——林徽因

在企业管理过程中，摩擦可以说是难以避免的。尤其在目前的乌卡时代，一切都显得模糊和不确定，矛盾和冲突有时是不可避免的，无论是利益的分配，还是任务的分工，都可能会引发一次办公室"地震"。

比起尖锐的冲突，柔性领导力的哲学，善于应用柔性的管理机制，来帮助矛盾的双方更好地沟通，并最终达成和解。试问谁不希望待在和谐的工作环境中，每天充满干劲地去工作呢？有时候，和谐的氛围也是一种生产力。

1. 建立柔性的矛盾协调机制

在企业管理中，冲突有时是不可避免的。然而，如果冲突得不到及时和妥善的处理才是最大的问题，它很可能会导致团队分裂、士气下降，甚至降低生产力等一系列负面影响。因此，建立一个有效的柔性矛盾协调机制，可以帮助领导者及时识别和解决冲突，从而维护企业的稳定性和运营效率。

在这点上，我很佩服米其林白乐涵，他擅长用系统性思维去化解矛盾。最关键的是解铃还需系铃人，他让那些前线的主管们有能力去承担责任。为了提升前线领导力，米其林工厂组织了对区域主管的领导力培训，分为四步，目的是培训他们可以清晰地理解工人提出的问题，并做出适当的行动。第一步，工厂让区域主管了解什么是好的领导力行为，并提出了领导力十大原则，引导区域主管在自己的岗位上实施这些原则。区域主管对这些原则表现出极强的接受力，并把这些原则做成台历，每天对照行。

第二步，工厂针对这些区域主管进行量身定制的培训。白乐涵认为，他们所有人都有专业背景，他们知道怎么工作，也曾接受过基础培训。每个人的发展方式不同，有自己的强项和弱项。我们培训的目标就是按照将来的技能要求，根据每个人目前的状况去填补空缺。

第二部分的培训内容包括人员管理、日常管理、如何提高工作效率和管理发展计划（Management Development Program，MDP）的培训等。由于许多培训没有现成的教材，白乐涵特地请工厂的两位技术人员开发了关于每种机器的培训模块：并非令他们成为机器专家，而是令其明白材料与工序的相互作用如何影响产品。他还采取了录像培训的方式，通过现场的亲身实践、回放录像的方式，让区域主管在实践中提高各种技能。

第三步，区域主管会在各自的岗位上进行管理工作，而专业教练会每周两次、每次两三个小时在现场指导他们行使管理职能，包括设立工作目标，奖励和告诫员工，进行年终评估等。教练会在现场观察区域主管和一线员工交谈，看他们如何解决问题，并对于其不符合十大领导力原则的做法及时指出并纠正，从而增强区域主管的信心和能力。

第四步，最后确认区域主管有能力行使管理职能。虽然系统化的培训已结束，但每位教练对相应的区域主管的指导还在持续。为鼓励所有工厂领导层的人员担任教练的角色，白乐涵也亲自培训一位区域主管。他解释说："我们可以通过这样的指导体系做出一些改变。因为这种培训制度可加强不同管理层之间的信任和合作，所以我们将长期保持下去。你看，这里所有东西都是相互关联的。"

2. 善待不合格的员工

存在不合格的员工，是企业在发展过程中无法回避的问题。他们可能是曾与企业并肩作战的伙伴，但跟不上企业发展的步伐；也可能是新近加入，无法很好适应企业节奏的新人。但无论如何，善待不合格的员工，都是企业文化与企业道德价值观的体现。

一家善待员工的企业更容易吸引和留住人才，因为员工会感受到企业的关怀和尊重。这种企业文化能够增强员工的归属感和忠诚度，提高企业的凝聚力和向心力。同时，善待不合格的员工，也能体现出企业的包容性和公正性，有助于树立起企业的良好形象。

针对员工的职业生涯发展，人力资源部过去通常将蓝领工人和白领工人分开管理，使员工的职业阶梯有了一个断层。然而，米其林厂长白乐涵让人力资源部将工厂分为五个业务区域，并为每个业务区域任命一名人力资源经理，使其负责处理该区域一线员工职业生涯发展的相关事宜。据一名一线员工表示，为此人力资源经理成为每个业务区域的工作伙伴。另一名一线员工回忆："我们看到身边很多人的成长，如从操作工开始做起，后来被提升为主管、车间经理。"

在白乐涵的支持下，人力资源部还做了一些大胆的人事变革，如把一部分成型车间的劳务工转正，换成工厂员工。张梅认为："这些人都是在最重要的岗位上，在工人等级中是最高的。如果这批人流失，对公司的风险很高，是不合适的。"

在人员的聘用方面，以前工厂习惯于用最低工资招人，这样招聘的员工能力提升的空间不大。后来工厂按照目前和未来的需要招人，也给到岗位应有的工资。在减员方面，以前绝大多数员工是长期合同，少数是固定期的。长期合同的员工觉得反正工厂没办法开除我，导致对他们的管理很难。但后来工厂解除一些长期合同员工，对余下员工产生了一定影响。

此外，一些能力很低、没有在 2004 年裁员时离开的工人，一直希望工厂会出个政策，令他们好领一笔补偿金离开。对于这些员工，工厂采取了尊重员工选择的方式，由员工主动申请提出，让工厂决定他们的补偿金。这种减员方式于两年内可缓慢减员 150

多人，但没有让人觉得工厂又裁员了，所以也没有在工厂内和社会上产生大的波动。通过这种招聘新员工和自动减员的方式，工厂内新旧员工的比例变成为一半对一半，整个工厂的氛围比较好。即便是裁员，白乐涵也能"柔性化"地对待，避免了"一刀切"带来的后遗症。

发挥水滴石穿的坚韧精神

> 失败是坚韧的最后考验。
>
> ——俾斯麦

苦难是一个人品质的试金石，也只有在面临险境的时候，才能够觉察出一个人是否具有韧性。胜不骄、败不馁是一种人生追求，放在起起落落的商业环境中来看，这一点也尤为重要。领导者应该安于谦逊和默默无闻，就像水滴按照自然规律流动一样。

无论是外部环境，还是内部环境的变化，都可能导致企业面临不同的危机与挑战。此时，领导者不仅要能够稳住心神，坚守初心不忘来时路，还要有相信前方一定会柳暗花明的信心，发挥坚韧的精神，不断激发自身潜力以渡过难关。

1. 用长期的确定性应对短期的不确定性

市场环境和竞争态势是不断变化的，企业如果只注重短期利益，就很难适应市场的变化。而长期主义则要求企业具备前瞻性和预见性，提前预测市场趋势和潜在风险，并制定相应的战略和措施。如果想要打造一家伟大的企业，那么长期主义是必不可少的。

2022 年旭辉进入"三五战略"期，然而在开局之年，整个房地产行业面临了尤为严峻的挑战。去杠杆化、去金融化的大趋势，叠加疫情的反复、持续走弱的全球经济和一些省市出现的"断贷潮"，房地产市场一再探底，同行企业纷纷出险。

在这一背景下，旭辉的处境也极为艰难，在这样优胜劣汰、迭变重整的行业关键转折点上，林中坚信民营企业在机制和反应上的优势，坚信旭辉在逆风下的韧性，"在这个最艰难的时候不抛弃、不放弃、不躺平……旭辉一定能安然度过调整，成为'剩者为王'的胜出者"。

旭辉决定"蹲下去、活下去、站起来！"蹲下来不意味着消极，是用时间换空间解决现金流的压力。在危机之下没有选择"躺平"或当"逃兵"，这显然大大增强了旭辉人一起走下去的决心和信心。

副总裁葛明感叹"大家都相信旭辉，对旭辉都是认可的，都坚信我们能穿越这个周期，我们能重新站起来。"2022 年旭辉将愿景从二五战略期的"成为全球化世界 500 强企业"，反映企业做大做强的追求转变为"成为受人信赖的城市综合运营商"，反映了新时期将企业是做厚做久、做精做美的诉求。

在企业的核心价值观中，旭辉一如既往地强调"以客户为中心"，同时还增加了"简单坦诚，务实高效"、"追求卓越，拥抱变化"和"团结协作，奋斗共赢"。

长期主义的发展模式、高效的执行文化、互助团结的精神都被提高到了前所未有的高度。在执行层面，林中倡议"要有二次创业的心态、精神和艰苦奋斗"。为了适应新的发展阶段和发展战略，旭辉发起架构精简、人员缩编、投资节流和运营放慢等管理和业务上的调整。

以人力资源管理为例，旭辉避免做出短期的裁员或降薪，而是以这次危机为契机，借助行业调整重构了旭辉未来长期的组织和人力资源"底座"，包括变革收缩组织管理架构、回归以岗位为中心的职级职位和薪酬体系，以及知识型的人才标准。

旭辉还掀起了内部创业行动，基于原有的设计资源、科技资源和管理资源等孵化创业平台，积极开拓一切可能的机会。在韧性文化的支撑下，葛明对旭辉的未来充满信心，"'应对行业未来的改变，我们要穿新鞋走新路。'现在是行业的寒冬，也是至暗时刻······但在行业的寒冬下，我们一起抱团取暖、携手前进，扛过去，去迎接即将到来的春天"。

旭辉对长期目标的坚定帮助他们克服短期问题的挑战，他们一直打造的韧性文化在这艰难时刻让他们一直坚守初心。就像在戈壁环境中，要达到终点是需要坚持脚步的，"伟大是熬出来的，"林峰曾经说过，"我们只要多坚持一分钟，一公里，我们或许就能看到胜利的希望"。

2. 用行者精神培养组织的韧性

以水滴比喻的领导力，意味着需要积极的心态、坚定的意志、良好的沟通和团队合作能力，并持续地提升和发展自己的领导潜力。人性中天然有着畏难的情绪，即便还没有去尝试，有时也会给自己心理暗示，认为可能完不成，或者由于太困难而不愿意去做。

这一点主要源于员工对自身能力的不自信，以及并不了解自身的能力边界，领导者可以寻找合适的锚点，帮助团队在行动中激发出潜力。人人都愿意待在自己的舒适区中，领导者要做的，便是帮助员工走出舒适区，尝试新的事物和领域，获取新的知识和技能。只有亲身的经历，才能够带来领悟和改变，当然，领导者对团队的潜力挖掘，也是需要与企业文化和企业发展方向相适配的。

2012 年旭辉在企业文化中加入了对"快乐、健康、丰盛、进步"的追求。因为要倡导健康，林中希望能在公司内部推广一项全民健身运动。相对于跑步、马拉松而言，徒步的门槛较低，只要穿一双舒适的鞋子，就可以随时随地进行这项运动，而且安全系数比较高。另外，登山、马拉松很多都是以个人英雄主义为主的，旭辉的徒步体现的是一种团队的精神，强调团队的荣誉感。

在徒步的初期，旭辉会选择到周边比较好的徒步道路进行徒步，但是这跟平时的生活、工作场景还是很接近，不能让人完全脱离出来，更好地进行思考和探索，也不太容易让人有成就感，让人坚持下来，于是，旭辉想到了要给徒步增加点"仪式感"，"让走路也有精神追求"，这才有了 2014 年旭辉的首届行者无疆杯戈壁徒步挑战赛。

从 2014 年开始的戈壁远征，不仅增强了员工体魄，也打造了独特的"行者精神"文化 IP。这一 IP 具有丰富的韧性文化内涵，涵盖了包括目标导向、执行导向和团队导向等在内的韧性元素。

旭辉集团副总裁兼综合管理中心总经理葛明感叹："走戈壁的过程是一个去见证心中理想的过程……走过戈壁你就会发现，没有你做不到，只有你想不到，如果你连想都不敢想，那就根本没有实现的可能。"

旭辉的徒步文化是"爱拼才会赢"的旭辉精神的最佳写照，而且经过连续多年的戈壁徒步活动，旭辉人也明白要完成全程考验的不是谁走得最快，而是谁更有耐力。

因此林中不止在一个场合强调"我从来都不追求旭辉要跑得最快，但一定是追求成为走得最远的那个"。他带领下的旭辉，在关注企业规模的同时，也更加关注企业的均衡增长，打造了组织的韧性文化。

尽管旭辉目前碰到了行业前所未有的挑战，但这股"行者精神"一直激励着留下来的每一位员工，只要脚步一直前行，一定会走到柳暗花明又一村的一天。

以柔克刚是种内力

善师者不陈，善陈者不战，善战者不败，善败者不亡。

——《汉书》

《道德经》中，就有"强大处下，弱者处上"的箴言，老子用草木柔脆而生，枯槁而死的类比，讲解了木强则折的道理。在企业管理过程中，柔性领导力的应用，有时会取得比刚强更好的效果。

在对于强弱的认知上，也需要持有辩证的观点，正如有无相生，长短相形，有的时候，无我也是一种大智慧。当把团队的成功置于个人的成功之上时，即便是看似微小的个体之"弱"，也能够在使命必达的坚毅精神指引下，成就更高维度的团队之"强"。

1．示弱的力量

传统的刚性领导力，更倾向于展现自己的权威，通过下达指令，显示自己很有力量。然而在新时代的语境下，真正有力量的反而是适时示弱，领导者要敢于表示自己不知道，同时保持开放的态度，鼓励员工表达想法。

通过这种柔性的处事方式，领导者会让下属觉得自己被尊重，从而愿意更积极地建言献策。对于领导者而言，也能够听到更好的声音，并且通过与团队的沟通，达成有效共识。一味展现自己的刚强和无所不能，则会导致信息的闭塞，使得领导者难以听到新的意见，对企业的长期发展带来不利。

在森马服饰总经理徐波的心目中，他的老板是一个非常刚强刚毅的人，对外总是表现得很独立。但是在日常的相处过程中，也会表现出令人感动的一面。

徐波至今都记得，在十几年前的某一天，和老板在公司的天台上聊天时，在聊到某些困难时，就听到对方说"像这样的事情，我还能跟谁提及呢？"所谓高处不胜寒，几乎是那一瞬间，徐波立刻说道："我愿意去承担，只要是我能做的都会用心努力地去做。"

这种领导者在私下里，偶尔表现出的压力和无奈，会更容易让下属产生同情和理解，生发出勇于担当的决心和责任感。相对应的，如果领导者总是高高在上表现出自己很强大，反而容易让下属心生疑惑，不知道自己还有何用武之地。

2. 坚毅的弱者

常规来看，我们一般会以为只有强者才可以成功。但实际上，能够带动团队节奏，进而带动团队走向成功的人，往往是那些具有坚毅精神的弱者。就像西游记里的唐三藏，他没有任何高强的武功或法力，但他是坚毅的弱者，是团队中带节奏的人。靠着对西天取经的坚定信念，将团队中的强者凝聚在一起，并最终实现了目标。

汉高祖刘邦从个人能力上看，也同样不能算是时代中的强者，但他作为带节奏的人，最终带领团队，击败了当时公认是强者的项羽。看似弱小的刘邦，无论被击垮过多少次，总能越挫越勇，英勇再战。而强大的项羽，在垓下战败后，却因"无颜见江东父老"而自刎乌江，定格了人生终局的成败。

星巴克在最开始时，只是看似在做小小的咖啡业务，之后逐渐从 1 家店开到很多家店，并从洛杉矶开到全世界。在星巴克的管理文化中，会把员工称呼为伙伴，并且给员工提供可观的福利，以及股权激励。

即便事业版图逐渐扩大，星巴克仍然几十年如一日地专注于咖啡业务，并且致力于打造生活空间。思锐物流总裁吕翠峰分享道："星巴克总是能够很好地融入当地文化，如在北京故宫的店铺就是四合院，而在秘鲁则跟当地的风情完全融合，让人甚至感觉不出是外国的品牌。"

这种由小及大，看似弱小的咖啡业务，却能够无声渗透进不同民族、不同文化，产生巨大的影响力，也让星巴克成为在全球畅销的品牌。这里既体现出星巴克的坚持和坚韧，也展现出了由小切口到大覆盖面的精髓。

在顺境的时候，我们看到强者的勇猛进攻，但在逆境的时候，坚毅的弱者或许才是那个能笑到最后的人。就像西游记里的唐三藏，他没有任何高强的武功或法力，但他是坚毅的弱者，是团队中带节奏的人，体现柔性领导力里的坚忍不拔，水滴石穿。

1. 测测你的坚毅指数吧

坚毅指数是一个人在面对困难、挑战和逆境时，表现力量和坚持能力的度量标准。这一指数不仅体现出忍耐和顽强，更是关于面对困境时的决心和意志力。

一般来说，坚毅指数高的人能够在逆境中，更好地保持镇定、积极和努力。他们不会轻易放弃，而是会坚持追求目标，不断努力克服困难。尤其在艰难时刻，这种精神力量可以带给他们支撑和动力。

接下来，根据量表测一下你的坚毅指数吧：

（1 是特别像我，2 是很像我，3 是有点儿像我，4 是不太像我，5 是一点儿都不像我）

（1）　新的想法和项目有时会将我从旧的想法　1　2　3　4　5
　　　　和项目中抽离

（2）　挫折不会让我气馁，我不会轻易放弃　　1　2　3　4　5

（3）　我几次设定一个目标，但后来又会选择　1　2　3　4　5
　　　　另一个不同的目标

（4）　我是一个努力工作的人　　　　　　　　1　2　3　4　5

（5）　需要花费几个月时间才能完成的项目会　1　2　3　4　5
　　　　让我比较难以集中精力

（6）　无论我开始做什么，我都会把它做完　　1　2　3　4　5

（7）　我的兴趣每年都在变化　　　　　　　　1　2　3　4　5

（8）　我很勤奋，而且从不放弃　　　　　　　1　2　3　4　5

（9）　我曾在短时间内迷上了一个想法或项　1　2　3　4　5

　　　目，但后来又失去了兴趣

（10）　我曾经克服了种种挫折，征服了一个重　1　2　3　4　5

　　　要的挑战

请将上面所有项目的得分加起来，除以 10，计算出你的坚毅指数。测试的最高得分为 5 分（异常坚毅），最低得分为 1 分（一点儿都不坚毅）。

2. 如何提高坚毅力

提高一个人的坚毅力是一个涉及心理、行为和环境多方面的过程。以下是一些策略，可以帮助提高坚毅力。

（1）设定明确的目标：确保目标具体、可衡量、可实现、相关性强且有时间限制（SMART 原则）。

（2）分阶段规划：将长期目标分解为短期、可管理的小目标，这样可以减小压力，让整个过程更有成就感。

（3）积极心态：培养乐观的态度，相信自己有能力克服困难和挑战。找到内在的驱动力，如个人的热情、长远的愿景或者个人成长的愿望。

（4）学会管理失败：将失败视为学习和成长的机会，而不是放弃的理由。

（5）增强自我效能感：通过不断尝试和练习，提升对自己能力的信心。

（6）寻找支持系统：建立一个支持性的社交网络，包括家人、朋友和同事，他们可以在困难时期提供鼓励和帮助。

（7）时间管理：有效管理时间，确保有足够的时间用于追求目标和休息。

（8）反思和调整：定期反思自己的进展，如果需要，调整策略和方法。

（9）持续学习：不断学习新技能和知识，保持好奇心和开放性，这有助于适应变化和克服挑战。

（10）庆祝小成就：即使是小的进步也值得庆祝，这有助于保持动力和积极情绪。

通过以上方法，一个人可以逐步提高自己的坚毅力，从而在面对挑战和追求长期目标时表现出更大的决心和持久性。

参 考 文 献

[1] 徐耀强. 员工幸福感的重大价值、影响因素及其提升路径[J]. 当代电力文化, 2023 (05)：52-55.

[2] 杜娟. 从鸿星尔克、白象到老乡鸡　凭什么火成"国货之光"[J]. 中外企业文化, 2023(08)：3-4.

[3] 李珊珊. 中国青年群体治愈系文化流行现象透析[J]. 现代商贸工业, 2023，44(14)：148-150.

[4] 鲁海涛. 倾听职工心声　彰显责任担当——发挥职工"倾听室"作用，服务职工见成效[J]. 人民公交, 2022(04)：85-87.

[5] 孟玥，方金.参与式管理对"90 后"新生代员工工作满意度影响研究——基于和谐劳资关系氛围视角[J]. 经营与管理, 2023(01)：77-83.

[6] 凯尔西·米勒. 三重底线：它是什么以及为什么它很重要[J]. 哈佛商业评论在线, 2020.

[7] 李晓丽. 老子"水"哲学的核心内涵及精神价值[J]. 佳木斯大学社会科学学报, 2022, 40(01)：18-21.

[8] 李秀娟. 柔性领导力——李秀娟教授管理随笔集[M]. 北京大学出版社, 2019.

[9] 李秀娟. 组织行为学：先知而后行行必有所为（第 4 版）[M]．北京：清华大学出版社, 2023.

[10] 李秀娟. 刚柔并济领导力："她"崛起[J]. 哈佛商业评论中文版, 2013, 9（9）：52-57.

[11] 李秀娟. 韧性——从个人到组织[M].上海：上海科学技术文献出版社, 2023.

结　语

这本书并非柔性领导力的结尾，反而恰恰是揭开了柔性领导力的面纱。我之所以会撰写本书，主要源于我个人经历中对于水哲学的感悟，以及其与管理之间的共融共通。并且我认为，人的潜能是无限的，通过柔性领导力的培养，刚柔并济的管理模式可以发挥更大的效能。

在现在的企业中，领导者所面临的很多问题都是很尖锐的，尤其是涉及有关利益的权衡时，有些决定做起来是很艰难的。如何做到"From I to We"，成人达己，相互赋能，让团队更有凝聚力，对于企业管理而言十分关键。

尤其是对于新一代的职场人管理，让他们愿意秉持成长性思维，拥有动力往前走，可以说是一项领导者必修的课题。不少企业家表示，他们遇到的许多管理难题，在习得柔性领导力之后，都可以迎刃而解。

水的力量是没有男女之分的，更多是随方就圆的，根据形势的变化，呈现出海洋、河流、湖水、瀑布、雨水、水滴，这六种不同的形态。

柔性领导力的力量，便在于"以无厚，入有间"。包容、协作、共情、赋能、利他、坚韧，柔性领导力的这六大原则，也对应了在实际管理时，领导者的不同状态。有些人可能会更像某一种，有些人则是多变的。

我曾做过一个小调查，询问学生如果用水的这六种形态，来形容自己或者其他人，认为哪一种形态是最贴合的？

有趣的是，最终他们给出的答案，跟我内心中对他们的评价都是一致的，尽管很多时候我也是临时起意，并且是在他们思考的过程中，才进行同步思考的。由此可见，用水来进行领导力的形容，是具有广泛适用性的。

在当下的数智化时代中，人的主体创造性愈加得到重视。正如我在前文中所提到的，在个体差异性凸显的今天，只有懂得知人用人的领导者，才能够在内卷趋势下，处于生存曲线的前端。

而随着内外部环境的不断变化，每个人的管理风格也可能会随之改变。所以领导者不必急着对自己下定义，更多的是因时因地制宜，做到如水流一般圆融变通。

例如：

（1）在规划未来时，要如海洋一般高瞻远瞩；

（2）在前行遇到障碍时，可以如河流一般善于协作；

（3）在面临挑战时，则如湖水一般"每临大事有静气"，保持冷静与澄澈；

（4）在推进目标达成时，犹如瀑布一般具有势能，且满怀激情；

（5）在对内管理时，习得雨水的善利众生，敬天爱人；

（6）在遭遇挫折时，做到像水滴一样坚韧不拔，直至柳暗花明。

请稍微思考一下，你擅长做什么？目前还缺乏什么？

我曾遇到过一些领导者，在某一个阶段，他们身上水的特质是有效的，可以很好地达成目标。但是当业界环境发生变化，或者进入新的职业发展阶段时，就会面临转型的挑战。

我们不可能用同样的自己，去面对不同的未来，所以要改变。未来的优秀领导者，也一定善于在水的这六大原则中，做到自如地转变。但不管表面上的战术如何调整，如滋养利他、共生思维等的底层逻辑是保持不变的。

距离刚性领导力的流行，似乎才过去了十年的时间。就在近些年，随着智能制造和工业4.0技术的发展，有越来越多的重复性机械工作，可以被人工智能代替。

这个时候会面临着人才的更替，组织内部也会产生新陈代谢。有一位学生曾跟我说：在行业内卷的当下，为了保证公司的生存和可持续化经营，需要裁掉那些当前能力、动力不足的员工。但那些人中，很多都曾跟随自己打拼多年，于是内心十分有负担。

他们的公司，是一群人共同筑梦的典范，内部间的相互成就，也是我十分欣赏的。我认为不能全盘否定团队的力量，同时打了一个比方：当前他们公司要走一条不同的路，就像以前是陆战，现在则是空战。对于一些没有转型意识的人，便需要进行换血。不是那些员工过去做得不够好，而是彼此未来的方向不同。

所以未来企业所面临的竞争局面，一定是人才的竞争，并且需要招揽的，是一大批具有创造力和国际视野的精英。

换句话说，在人才的管理层面，要做到更加人性化。只有平等包容的企业文化和生态，才能够吸引多元化的人才。例如，米其林在员工入职之初，便会对其进行职业生涯管理，以及相应追踪和培训。

想象一下，当你作为一位新员工入职米其林之后，先是认领了自己接下来要负责的工作内容。之后，SP部门会帮助你，进行全方位的职业发展周期管理，例如：

（1）进行职业定位，确定未来的职业发展方向；

（2）针对所需要的技能，提供当前所需的知识和技能培训；

（3）为了更高的职业目标，进行提前规划和赋能；

（4）遇到业务难题和挑战时，及时跟进并帮助解决问题等。

　这种以培养人才、造就人才的心态，去进行管理，可以让员工充分感受到被关注、被重视，这无疑会加强与企业间的心理连接，并且当员工有进步、有发展时，也会在工作时更加投入。事实证明，米其林的离职率也很低，可见这种雨水般的滋润，是一种行之有效的管理模式。

　水的这六大原则，并不仅是针对企业内部的管理。在整个行业生态中，面对行业上下游合作伙伴，投资人，乃至整个社会时，都需要有以柔克刚的应对能力。

　老子说："上善若水。水善利万物而不争，处众人之所恶，故几于道。"我很喜欢这句话。当今的世界，已经从"顺风时代"变为"逆风时代"，也对领导者提出了更高的要求。

　我相信，通过柔性领导力的学习，大家能在不确定性的时期，做到不断进步，最终跨越"优胜劣汰"的挑战。我们看到很多知名的企业家，无论是任正非还是雷军，都是刚柔并济的。

例如，小米的创始人雷军，既能够果敢地入局电动汽车领域，体现出瀑布一般的激情；又能够在小米第一款新车 SU7 发布会后，亲自为首批车主开车门，展现出了雨水般的谦逊，也在创造高销量的同时，被传为佳话。

最后，我还想说的一点是，柔性领导力的原则，也可以灵活运用于日常生活中。管理的本质在于对人的管理，社会也是由人所组成的，柔性领导力可谓无处不在。例如，从像湖水一般，知道如何倾听他人，并给予正反馈，让自己的生活充满阳光；再到遇到困境时，如水滴一样坚韧，发挥滴水穿石的力量坚定前行；再到积极投身社会事务，如雨水一般从点滴之处，关注社会公益慈善、环保事业等。毫无疑问，"上善若水"的柔性领导力将会让世界更美好。

鸣　谢

感谢中欧案例中心的支持，感谢吕翠峰、徐波、朱静、齐晓峰、陈晖、蒋启迪的大力相助，正是有了他们提供的许多宝贵意见和视角，才使得本书得以完成。

感谢家人一如既往地爱我和支持我。

反侵权盗版声明

　　电子工业出版社依法对本作品享有专有出版权。任何未经权利人书面许可，复制、销售或通过信息网络传播本作品的行为；歪曲、篡改、剽窃本作品的行为，均违反《中华人民共和国著作权法》，其行为人应承担相应的民事责任和行政责任，构成犯罪的，将被依法追究刑事责任。

　　为了维护市场秩序，保护权利人的合法权益，我社将依法查处和打击侵权盗版的单位和个人。欢迎社会各界人士积极举报侵权盗版行为，本社将奖励举报有功人员，并保证举报人的信息不被泄露。

举报电话：（010）88254396；（010）88258888

传　　真：（010）88254397

E-mail： dbqq@phei.com.cn

通信地址：北京市万寿路173信箱

　　　　　电子工业出版社总编办公室

邮　　编：100036